■ 본문의 색글자는 142~143쪽에서 내용을 확인할 수 있습니다.
■ 본문과 연보에 사용된 사진은 국립원예특작과학원과
　부산시설원예시험장에서 제공해 주셨습니다.

우장춘

종의 합성을 밝힌 과학 휴머니스트

김근배 글 | 조승연 그림

다섯수레

| 이 책의 독자에게

　우리나라에도 뛰어난 과학자들이 많이 있었습니다. 저 멀리로는 최무선, 이순지, 장영실, 허준, 홍대용부터 현대에 들어서는 우장춘, 이태규, 이승기, 현신규, 이호왕 등에 이르기까지 그 수가 제법 되지요. 얼마 전 방영된 텔레비전 드라마에는 장영실이 주요 등장인물로 나왔는가 하면 예전 초등학교 교과서에는 우장춘에 관한 글이 실리기도 했습니다.

　하지만 우리가 아는 한국의 과학자는 의외로 매우 적습니다. 외국의 과학자들은 학교 수업이나 신문, 방송, 잡지 같은 언론매체에 자주 소개되고 이들의 업적을 기리는 행사도 종종 열려 많이 알려져 있지요. 올해는 진화론을 밝힌 다윈이 탄생한 지 2백 년이 되는 해라 많은 책들이 쏟아져 나왔고, 국립과천과학관에서는 개관 기념으로 다윈 특별전을 성황리에 열었습니다. 이에 비하면 한국의 과학자는 제대로 대접을 받기는커녕 우리의 기억 속에서도 점차 멀어지는 슬픈 현실에 놓여 있습니다.

사실, 2009년은 세계적인 유전육종학자 우장춘 박사가 돌아가신 지 50년을 맞는 해입니다. 다윈 못지않게 우리에게는 우장춘도 소중한 과학자입니다. 그는 '종의 합성이론'을 명쾌하게 입증하고 채소 일대잡종 기술을 개발하는 등, 노벨상 후보로 올라도 손색없을 만큼 학문적으로 매우 뛰어난 과학자였습니다. 더구나 그는 혼혈인 신분인데도 아버지의 나라인 한국에 돌아와 채소 종자의 독립과 우량 품종의 개발을 이루는 등 국가적인 기여도 남달랐지요. 어찌 보면 우장춘은 한국의 다윈으로 불릴 만한 과학계의 거인이었습니다.

우장춘 서거 50주년을 맞아 이 책을 내놓습니다. 그간 우장춘에 관한 책들, 특히 아동용 전기가 많이 출간되었지만 여러 문제들이 있었습니다. '씨 없는 수박'을 우장춘의 대표적 업적으로 소개한다든지, 그를 지나치게 애국자 혹은 천재로 그린다든지 하는 점은 지적해야 할 부분입니다. 이 책은 한층 객관적 사실에 근거하여 우장춘의 인간적 내면과 과학적 활동을 동시에 보여 주고자 애썼습니다. 다시 말해, 그의 삶 속에 녹아 있는 과학의 진면목과 그의 과학에 스며 있는 인간적 흔적을 충실히 담으려고 했습니다. 아무쪼록 이 책이 우장춘을 널리 알리고 새롭게 이해하는 데 도움이 되기를 바랍니다.

2009년 8월
김근배

이 책의 독자에게	4
일본에서 혼혈아로 태어나다	8
어머니 나카의 고생과 헌신	12
조용하고 평범한 학교생활	17
도쿄제국대학 농학실과에 진학하다	24
거센 반대에 부딪힌 고하루와의 결혼	32
무심한 가정생활, 그리고 뜨거운 연구 열정	37
나팔꽃과 피튜니아 연구로 얻은 명성	43
드디어 농학박사 학위를 받다	52
차별로 좌절된 승진	60
한국인들과의 만남과 교류	66
채소 육종 기술의 대가로 우뚝 서다	71

contents 차례

한국에서 우장춘 환국추진운동이 일어나다 78
가족을 남겨 두고 아버지의 나라 한국으로 82
고무신 박사, 오로지 과학 연구의 외길을 걷다 90
"눈빛이 식물의 잎을 꿰뚫도록 하라!" 96
채소의 종자 독립과 육종 연구 103
씨 없는 수박을 만들어 보이다 109
어머니의 죽음, 자유천 이야기 116
조국은 나를 인정했다 122
장춘교도들의 끝없는 사부곡 126

우장춘의 발자취 132
참고문헌 141
알면 좋은 상식 142

일본에서 혼혈아로 태어나다

우리나라에는 우장춘을 순수한 한국인으로 여기는 사람들이 많습니다. 그가 한국을 위해 과학 연구를 열심히 했고 죽어서도 한국 땅에 묻혔기 때문이지요. 하지만 우장춘은 한국인 아버지와 일본인 어머니 사이에서 태어난 혼혈아입니다. 태어난 곳도 일본의 수도 도쿄이지요.

우장춘의 아버지 우범선은 무인 집안 출신의 친일 개화파로 조선 말기에 훈련대 제2대대장으로 활동했습니다. 당시 조선은 개화를 둘러싸고 청나라와 러시아의 힘을 빌리려는 명성황후 일가와, 이에 불만을 품고 일본과 손을 잡은 친일 개화파로 나뉘어 혼란스런 일들이 벌어지고 있었습니다. 우범선은 그 와중에 벌어진 명성황후 시해 사건에 연루되었습니다. 일본인 자객들이 일제의 간섭을 완강하게 반대하던 명성황후를 살해할 때 우범선도 반역의 범죄에 가담하고 말았던 것이지요. 그래서 그는 무거운 형벌을 피하려고 일본으로 서둘러 도망갔습니다.

이때 우범선은 이미 결혼하여 부인과 딸을 두고 있었습니다. 하지만 그는 고국으로 돌아갈 날을 기약할 수 없어 일본인 여성 사카이 나카를 만나 다시 결혼을 합니다. 아마 우범선과 나카는 근대 이후 한일 국제결혼을 한 최초의 부

우장춘의 가족
왼쪽부터 차례대로 우장춘의 아버지 우범선, 어린 우장춘, 어머니 나카입니다. 아버지의 갑작스러운 죽음으로 우장춘은 외롭고 힘든 어린 시절을 보냈습니다.

부일 것입니다. 이들 사이에서 태어난 첫째 아들이 바로 우장춘입니다. 우장춘이 태어난 해가 1898년이니 이미 한 세기 전의 일입니다. 우범선은 아들 이름을 한국식으로 짓고 서울에 출생신고도 했습니다. 이렇게 해서 우장춘은 혼혈이지만 한국 국적을 얻었습니다.

그러나 우장춘의 어린 시절은 순탄하지 않았습니다. 아버지가 한국인 자객에게 갑작스럽게 죽임을 당했기 때문이지요. 우장춘이 겨우 다섯 살 때의 일이었습니다. 우장춘은 일본인 홀어머니 밑에서 자란 탓에 언어, 생활, 문화 등 모든 면에서 일본인으로 성장했습니다. 우장춘이 평생 동안 우리말을 할 줄 몰랐던 것도 이런 사연 때문입니다. 하지만 우장춘은 일본인들이 보기에도 특이하게 한국 성과 일본 이름이 뒤섞인 우나가하루로 불렸습니다.

우장춘에게는 잘 알려지지 않은 남동생이 한 명 있습니다. 그는 일찍이 다른 일본인 집안의 양자가 되어 일본인 성까지 얻었습니다. 명문 도쿄제국대학 법학부를 나온 그는 일본의 일류 회사에 취직하여 출세의 길을 달렸지요. 그는 자신의 출생을 드러내지 않은 채 일생을 철저히 일본인으로 살았습니다. 우장춘은 맏아들인 까닭에 당시 일본의 가족 제도에서는 다른 집안의 양자가 될 수 없었습니다. 이 점이 결국은 우장춘의 운명을 크게 결정짓는 요인이 되었습니다. 어느 곳에서도 자기의 뜻을 제대로 펼치기 어려운 한일 혼혈아의 험난한 인생이 시작된 셈입니다.

우리나라의 유명한 과학자들 중에는 혼혈아가 딱 두 명 있습니다. 한 사람은 세종 시대에 활약한 장영실입니다. 장영실은 원나라에서 귀화한 기술자와 조선인 기생 사이에서 태어났습니다. 정교한 물시계인 자격루와 옥루는 장영실이 만든 대표적인 업적으로 칭송받고 있지요.

그리고 다른 한 사람은 이로부터 오백 년 후에 등장한 우장춘입니다. 한국 역사에 혼혈인 과학자는 아주 드뭅니다. 하지만 다민족 사회로 나아가는 시대 흐름에 비추어 볼 때 장영실과 우장춘은 새로운 귀감이 될 만한 인물들입니다.

어머니 나카의 고생과 헌신

위인전에는 언제나 현명한 어머니들이 빠지지 않고 등장합니다. 아들을 잘 키우려고 세 번이나 이사를 했다는 맹자의 어머니 이야기는 아주 유명하지요. 우장춘도 예외가 아닙니다. 그의 어머니 나카는 극심한 가난과 차별 속에서도 우장춘을 훌륭한 사람으로 키우고자 끊임없이 노력했다고 알려져 있습니다. 우장춘에게 항상 한국인의 긍지를 심어 주려고 애썼고, 온갖 시련을 잘 헤쳐 나가도록 짓밟혀도 다시 일어나는 '민들레꽃의 교훈'을 들려주었다고 알려져 있지요. 하지만 정말 그랬을까요?

나카는 당시 일본 여성으로는 드물게 학교를 다닌 적이 없고 글을 읽을 줄도 몰랐습니다. 부모가 없는 고아로 태어나 나이 들 때까지 남의 집에서 고용살이를 하며 지낸 탓이지요. 일찍 결혼을 하던 그 무렵의 사회 풍조로 볼 때 그녀는 학식을 갖추지 못한 데다 나이까지 많아 좋은 배필을 만나기 어려운 조건이었습니다.

그러던 중 나카는 조선에서 망명한 중년의 우범선을 만나게 되었지요. 당시 우범선은 현상금이 걸려 있는 인물이어서 항상 자객의 살해 위험 속에서 지내고 있었습니다. 그래서 중매자가 나카에게 "좋은 사람인데 언제 살해될지 모르는 사내"라고 소개했던 것입니다. 하지만 나카는 우범선을 결혼 상대자로 받아들였습니다. 어찌 보면 두 사람의 불우한 처지가 그들을 결혼에 이르게 했는지도 모릅니다.

결혼 후 거처를 도쿄에서 히로시마 근처의 작은 도시 구레로 옮긴 것도 안전한 생활을 위해서였습니다. 하지만 그런 생활도 오래가지 못했습니다. 우범선이 결국 한국인 자객에게 목숨을 잃고 만 것이지요.

우범선이 갑자기 세상을 떠나자 집안 형편은 무척 어려워졌습니다. 의지할 곳이 하나도 없던 나카는 삯바느질과 포목 행상을 하며 두 아들을 홀로 키웠습니다. 다른 집안의 양자가 된 우장춘의 남동생도 실제로는 나카 밑에서 자랐습니다.

여자 혼자 몸으로 두 아이를 키우는 일은 보통 어려운 게 아니었습니다. 너무 힘이 들어 큰아들 우장춘을 절에 맡긴 적도 있었지요. 이때 우장춘은 희멀건 감자 된장국을 얼마나 많이 먹었는지 나중에는 가장 싫어하는 음식이 될 정도였습니다. 어머니의 품으로 다시 돌아왔을 때 우장춘은 굶주린 아이처럼 앙상한 몸에 배만 바가지처럼 볼록 튀어나온 모습이었다고 합니다.

나카는 우장춘의 앞길을 잘 이끌어 줄 수 없었습니다. 그녀는 자식들에게 공부를 하라든가 훌륭한 사람이 되라든가 하는 식의 가르침도 준 적이 없었다고 합니다. 배운 게 없고 경제적으로도 능력이 부족했기 때문이겠지요. 다만, 나카는 고통스러운 가난 속에서도 자식들을 위해 자신의 모든 것을 헌신하며 살았습니다. 자식들의 학비를 마련하려고 남편의 묘지를 팔기까지 했다고 합니다. 우장춘은 어머니의 진한 모성애를 느끼며 그녀의 강인한 의지를 자기도 모르는 사이에 본받았습니다.

훗날 우장춘이 한국으로 건너와 연구소에서 일할 때, 그곳을 찾은 학생들에게 이렇게 말한 적이 있었습니다.

"오늘날 내가 이 자리에 있게 된 것은 어머니 덕분입니다. 어머니는 어려운 주위 환경과 가난을 무릅쓰고 천신만고로 나를 키워 주시고 공부까지 마칠 수 있게 해 준 분입니다. 내가 오늘날 한국에서 일할 수 있게 된 것도 모두 어머니 덕분입니다."

조용하고 평범한 학교생활

세계 과학의 역사 속에는 번뜩이는 재능을 가진 천재들이 가득합니다. 오래전에 만유인력의 법칙을 발견한 뉴턴이나, 불구의 몸으로 천체물리학의 새로운 장을 열고 있는 호킹, 입자물리학에서 이름을 떨친 한국인 이휘소 같은 사람이 그렇지요. 그러나 평범하거나 뒤떨어진 사람들 가운데서도 뛰어난 연구 업적을 낸 과학자들이 많이 있습니다. 아인슈타인은 학교생활에 제대로 적응하지 못해 대학 시험에 낙방한 적이 있고, 다윈도 의학 공부를 잘 따라가지 못해 아버지로부터 "넌 나중에 네 자신과 가족의 수치가 될 것"이라는 호된 꾸지람을 들었지요.

그럼 우장춘은 어땠을까요? 그동안 우리나라에서 우장춘은 초등학교 때부터 줄곧 수석을 놓치지 않은 수재로 알려져 왔습니다. 우장춘이 워낙 뛰어난 연구 성과를 많이 거두었으므로 이 이야기는 아주 자연스럽게 받아들여졌지요. 위인들이 신동이나 천재로 그려져야 유명해진 원인도 쉽게 설명할 수 있으니까요. 그러나 우장춘은 수재 소리를 들을 만큼 원래부터 총명한 사람은 아니었습니다.

우장춘은 초등학교를 마치고 히로시마 근처에 있는 구레 중학교에 입학했습니다. 이 소도시는 바다에 접해 있는 군항으로, 일본 해군사관학교가 있었다고 합니다. 그래서 학생들 대부분은 사관생도들의 위풍당당한 모습을 부러운 듯 바라보았고 성적이 우수한 졸업생들은 그 꿈을 이루기도 했습니다. 하지만 우장춘은 신체가 허약한 데다 성격도 소심해서 사관생도가 되고픈 열망을 가질 수 없었습니다.

중학교에 다니는 동안에도 우장춘은 눈에 띄는 학생이 전혀 아니었습니다. 학업 성적이 뛰어난 편도 아니었고 반장을 한 적도 없었으며 하다못해 다른 학생들과 싸움을 벌인 적도 없었습니다. 한마디로 두드러진 점이 거의 없는 조용하고 평범한 학생일 뿐이었습니다. 우장춘이 뛰어난 과학자가 되었다는 말을 들었을 때 동창생들이 깜짝 놀랄 정도였지요.

다만 우장춘은 여러 과목 가운데서 수학은 잘했다고 합니다. 그가 나중에 뛰어난 과학자가 되는 데 중요하게 작용한 논리적 사고와 뛰어난 집중력을 일찍부터 갖추고 있었음을 엿보게 하는 대목이지요. 그래서 우장춘은 공학을 공부할 생각으로 고등학교에 진학하고 싶어 했습니다. 장차 대학에 가려면 우선 고등학교에 들어가야 했으니까요.

이상하게도 한국인 가운데에는 수학적 재능을 발휘한 사람들이 많습니다. 오래전부터 외국인 선교사들은 한국 사람들이 수학을 잘한다고 말하곤 했지요. 학교에서 서양의 수학 과목을 가르친 지 얼마 되지 않았는데도 말입니다.

| 이야기 속 이야기

우장춘은 노벨상에 얼마나 가까이 다가갔을까?

매년 12월 10일이 되면 세계 최고의 과학자를 위한 성대한 만찬이 열립니다. 바로 매년 스웨덴 스톡홀름에서 거행되는 노벨상 시상식이 그 자리입니다. 수상이 이루어지는 과학 분야는 물리학, 화학, 생리의학입니다.

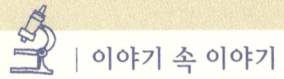

과학자가 노벨상을 타려면 두 가지 조건을 갖추어야 합니다. 하나는 과학의 패러다임을 바꿀 만큼 획기적인 과학 이론을 발견해야 하고, 다른 하나는 그 성과가 인류의 복지 증진에 큰 공헌을 해야 한다는 것입니다.

우리나라 과학자들 가운데는 물리학의 이휘소, 화학의 이태규, 생리의학의 이호왕 등이 노벨상에 근접했던 인물로 자주 오르내립니다. 모두가 획기적인 과학 발견을 이룬 뛰어난 과학자들입니다. 하지만 대중적 명성이 자자한 우장춘은 뜻밖에도 노벨상과 관련해서 이야기된 적이 없습니다. 그의 연구 성과가 노벨상과는 거리가 멀었기 때문일까요? 그것은 결코 아닙니다. 무엇보다 우장춘이 이룬 과학 연구가 제대로 알려지지 못했기 때문입니다.

우장춘이 거둔 과학적 성과는 매우 많습니다. 그중에는 '종의 합성이론' 과 '채소 일대잡종 기술' 처럼 보다 학문적인 연구 성과도 있고, 완전 겹꽃 피튜니아 개발과 우량 채소의 개발처럼 지극히 실용적인 연구 성과도 있습니다. 그의 연구 성과를 노벨상과 관련해서 살펴보려면 아무래도 학문적인 연구 성과를 눈여겨보는 것이 좋겠지요.

먼저, 종의 합성이론은 새로운 종이 돌연변이로만 탄생한다는 과학계의 정설을 뒤흔든 대단히 놀라운 과학 이론입니다. 우장춘이 종의 합성이론을 통해 종간교잡으로도 새로운 종이 만들어질 수 있다는 사실을 명쾌하게 밝혔기 때문입니다. 그러나 이 과학 이론은 현재 자연계의 일부 식물에만 적용되므로 적용 범위가 넓지 못한 한계를 지니고 있습니다. 다시 말해, 과학적으로 볼 때 획기적 이론이기는 하지만 실용적 활용 면에서 다소 떨어지는 문제를 지니고 있는 것입니다.

다음으로 채소 일대잡종 기술은 그 적용 범위를 채소로까지 넓혀 인류의 먹거리 개선에 크게 기여했습니다. 그동안에는 이 새로운 육종 기술이 농작물의 품종 개량에 부분적으로 쓰이고 있었으나, 우장춘의 노력 덕택에 채소로까지 널리 쓰이게 되었습니다. 그렇지만 일대잡종 기술은 이미 다른 과학자가 개발한 연구 성과여서 우장춘은 그것을 확대 발전시켰다는 의미만 지니지요. 그러므로 일대잡종 기술은 앞의 종의 합성이론과는 거꾸로, 실용적으로 활용하기는 좋지만 우장춘이 새롭게 발견한 이론은 아니라는 것입니다. 비록 노벨상을 타지는 못했지만, 우장춘은 세계적 수준의 연구 업적을 낸 매우 뛰어난 과학자입니다.

언제나 노벨상 시상식은 남의 나라 잔치가 되고 있습니다. 아직까지 우리나라 과학자들은 만찬에 초대장을 받지 못했으니까요.

해마다 돌아오는 노벨상의 계절에 우장춘을 비롯한 유명 과학자들을 되돌아보는 것은 어떨까요? 과학을 꿈꾸는 젊은이들에게 좋은 길잡이가 되지 않을까요? 앞서 간 한국의 과학자들에게서 값진 희망과 교훈을 찾을 수 있을 테니 말입니다.

노벨상을 받은 유명 과학자들

마리 퀴리
여성에 대한 편견을 과학적 성취로 뛰어넘은 물리학자. 방사성 원소 라듐과 폴로늄의 발견과 특성 연구로 노벨상(1903년 물리학상, 1911년 화학상)을 두 번이나 받았습니다. 퀴리 가문의 사람들은 노벨상을 무려 5회나 탄 전무후무한 기록을 남겼습니다. 마리 퀴리는 지금까지도 여성 과학자의 상징과 같은 존재입니다.

알베르트 아인슈타인
자신의 개성을 뛰어난 과학적 창의성으로 발전시킨 물리학자. 아인슈타인은 학교생활에 적응하지 못하고 대학 시험에도 떨어진 적이 있었으나 과학 연구에서 매우 독창적인 업적을 많이 남겼습니다. 금속에 빛을 쬐면 그 표면에서 전자가 튀어나오는 광전 효과 연구로 1921년에 노벨상을 받았지요. 아인슈타인의 가장 뛰어난 연구 업적은 무엇보다 뉴턴의 고전역학을 송두리째 뒤흔든 상대성이론과 원자탄의 가능성을 예시한 질량 에너지 등가원리($E=mc^2$)입니다.

제임스 왓슨
새로운 분자생물학의 시대를 열어젖힌 생물학자. 왓슨은 영국의 물리학자 프랜시스 크릭과 함께 DNA가 이중나선 구조를 하고 있다는 사실을 발견해 1962년에 노벨 생리의학상을 탔습니다. 미국의 콜드스프링하버 연구소를 세계적인 암 연구 기관으로 발전시켰고, 국제과학연구사업으로 추진된 인간게놈 프로젝트의 초대 책임자로 활동했습니다. 미국의 시사 주간지 〈타임〉은 20세기에 가장 큰 영향력을 미친 인물 중 한 명으로 왓슨을 당당히 꼽았습니다.

도쿄제국대학 농학실과에 진학하다

당시 일본의 유명 대학은 모두 국가가 운영하는 제국대학이었습니다. 그중에서도 도쿄제국대학과 교토제국대학은 관동과 관서 지역을 대표하는 최고의 명문 대학이었지요. 우장춘이 살고 있는 곳에서는 교토제국대학이 가까웠으므로 그의 장래 희망은 교토제국대학에서 공학을 공부하는 것이었습니다. 이 대학에 실제로 들어갈 수 있는가와는 상관없이 누구든 야무진 포부를 가질 수는 있는 거니까요.

그러나 우장춘의 진로는 중학교를 졸업할 무렵에 엉뚱한 방향으로 바뀌고 말았습니다. 그의 집안은 경제적으로 아주 어려웠습니다. 도저히 우장춘에게 고등 교육을 시킬 형편이 못 되었던 것이지요. 그러자 그의 아버지와 절친했던 한국인 망명객들이 조선총독부(일본이 우리나라를 지배하기 위해 설치한 최고 행정 기관)로부터 장학금을 받을 수 있게 주선해 주었습니다. 우장춘이 한국 국적을 가지고 있는 데다 조선총독부도 한국인 망명객들에게 호의적이었으므로 관비유학생의 신분을 얻는 것은 어렵지 않았습니다. 다만 조선총독부는 우장춘에게 한 가지 요구 조건을 내걸었습니다. 그들이 지시하는 학교와 전공을 선택해야 한다는 것이었습니다.

학창 시절의 우장춘
(오른쪽에 앉아 있는 사람)

어려운 가정환경 때문에 조선총독부의 도움으로 공부를 해야 했던 우장춘은, 조선총독부의 뜻에 따라 전공을 정해야 했습니다.

우장춘은 마지못해 조선총독부가 요구한 대로 도쿄제국대학 농학실과에 들어갔습니다. 농학실과는 대학의 학부가 아니라 전문학교 과정이었습니다. 실습 위주로 교육을 시켜 실무에 밝은 농촌 기술자를 양성하는 것이 주된 목표였지요. 게다가 다른 한국인 유학생들과 마찬가지로 학력이 인정되지 않는 청강생 신분으로 허락한 것이었습니다. 그래서 이 과정은 중학교를 졸업한, 대개는 성적이 우수하지 않은 학생들이 진학했습니다. 나중에 이 학교는 도쿄고등농림학교로 독립되어 오늘의 도쿄농공대학에 이르고 있습니다.

이 무렵 일본에 유학하고 있던 한국인 학생들은 약 7백 명이었습니다. 이들은 조선유학생학우회를 만들어 정기적으로 모임을 갖고 '배움의 빛'이라는 뜻이 담긴 잡지 〈학지광〉도 발간했습니다. 이 잡지에는 유학생들의 소식이나 졸업생 명단이 종종 실렸는데 그 어디에도 우장춘의 이름은 보이지 않습니다. 우장춘이 좀처럼 자신을 드러내지 않았고 다른 유학생들과 교류도 하지 않았기 때문이지요. 그래서 우장춘을 알고 있는 한국 사람은 가까운 친척 말고는 아무도 없었습니다. 우장춘이 졸업한 1919년에 3·1 운동이

일어났지만 이에 대해서도 특별한 반응을 보이지 않은 것을 보면, 우장춘은 자신의 생각을 드러내는 성격이 아니었던 것 같습니다.

우장춘은 농학실과를 다닐 때도 뛰어난 성적을 받지 못했습니다. 우스갯소리로 유학생 가운데서 제일 우수했다는 말이 전해지기는 합니다. 다른 나라에서 유학 온 학생들의 일본어 실력이 형편없었을 테니 그건 당연한 일이었지요. 그 덕분인지 우장춘은 졸업할 때 청강생 수료증이 아니라 정식 졸업장을 받았습니다. 그렇더라도 우장춘이 도쿄제국대학을 졸업했다는 이야기는 잘못 알려진 것입니다.

이 과정을 마친 졸업생들은 대학에 진학하지 못했습니다. 대학 진학에 필요한 여러 요건을 제대로 갖추기 힘들었으니까요. 일부 전문학교 졸업자들이 대학에 들어가기도 했지만 그 인원은 매우 적었습니다. 우장춘도 결국 대학 진학을 단념하고 취업을 하기로 마음먹었습니다. 그나마 그가 농림성 소속의 농사시험장에 들어갈 수 있었던 것은 안도 코타로 교수의 추천 덕분이었습니다.

전문학교를 졸업한 후 뛰어난 연구 업적을 낸 과학자로는 나비박사로 알려진 석주명이 있습니다. 실제로는 박사가 아니지만 나비에 관한 연구를 워낙 많이 해서 그러한 애칭이 붙은 것이지요.

  석주명은 새로운 분류 체계를 세워 잘못 알려진 나비들의 이름을 바로잡았고 아주 예쁜 이름도 손수 지었습니다. 각시멧노랑나비, 떠들석팔랑나비, 무늬박이제비나비, 수풀알락팔랑나비 등은 석주명의 빼어난 언어 감각을 잘 보여 주는 이름들입니다.

  우장춘이나 석주명은 고등 교육을 제대로 받지 못했으나 강인한 의지와 끈질긴 노력으로 뛰어난 과학적 성취를 이루어 냈습니다. 그러나 대학 교육을 받지 못한 점이 이들의 실제 과학 활동에 크게 영향을 미친 것 또한 사실입니다. 이들은 대학에 자리를 잡지 못했고 그래서 뒤를 이을 우수한 제자들을 키우는 데 어려움을 겪었습니다. 물론 이들이 대학 강단에 섰다면 제자를 얻는 대신에 뛰어난 연구 업적을 남기지 못했을지도 모릅니다. 높은 학력에 우쭐한 나머지 노력을 게을리했을 수도 있었을 테니까요.

| 이야기 속 이야기

한국인은 고등 교육을 받을 능력이 부족하다?

당시 한국인 중에는 해외 유학을 가려는 사람들이 많았습니다. 일부는 미국이나 유럽으로 갔으나 대부분 가까운 일본으로 떠났지요. 국내에는 대학이 한 개도 없었고 몇몇 전문학교들만 있었기 때문입니다. 경성제국대학이 세워진 때는 1926년으로 그것도 법문학부와 의학부만 갖춘 정도였습니다. 그래서 고등 교육에 뜻이 있다면 해외로 나가는 수밖에 없었습니다.

그러나 일제는 한국인들이 해외 유학을 가는 것을 탐탁지 않게 여겼습니다. 한국인들이 고등 교육을 받을 만큼 머리가 좋지 않다는 이유에서였지요. "한국인들의 두뇌에 근대 학문을 터득시키는 일은 나무에 대나무를 접목하는 것보다 어렵다."라고 말할 정도였으니까요. 일본인들은 한국인들이 기껏해야 12~13세기의 일본인 수준에 머물러 있다고 보았습니다. 그래서 일제는 한국인들이 일본 유학을 가지 못하도록 여러 조치를 취했습니다.

그러면서 다른 한편으로는 한국인 유학생을 지원하는 관비유학 제도를 운영했습니다. 식민지 사람들에게 선정을 베풀고 있는 것처럼 생색내기 위해서였지요. 하지만 일제는 유학생 수를 최대한 억제하고 전공도 농업과 공업 같은 실업 분야로 한정했습니다. 입학 조건도 상당수는 정식 학력이 인정되지 않는 특별생이나 청강생 신분이었지요. 이렇게 불공평한 관비유학 제도 아래에서라도 공부하고자 하는 한국인 유학생이 늘어나자 일제는 이 제도마저 1930년에 없애고 말았습니다.

그러니 일제 강점기 35년 동안 배출된 한국인 과학자가 매우 적을 수밖에 없었습니다. 일본은 물론 미국, 유럽 등지에서 공부한 사람들을 모두 포함하더라도 이공계 대학 졸업자는 약 4백 명 정도밖에 되지 않았습니다. 박사 학위를 받은 사람들은 이학, 공학, 농학을 합해도 10명이 조금 넘을 뿐이었고요. 요즘 우리나라의 한 대학이 일 년에 배출하는 졸업생 수에도 크게 못 미쳤지요. 그럴지라도 이학의 이태규, 공학의 이승기, 농학의 우장춘은 피나는 노력과 열정으로 뛰어난 업적을 거둔, 역사에 길이 남을 과학자들입니다.

거센 반대에 부딪힌 고하루와의 결혼

어느덧 우장춘은 20대 중반의 반듯한 청년으로 자랐습니다. 전문학교를 졸업했고 안정된 직장도 가졌지요. 집안도 처음으로 웃음과 평안을 찾았습니다. 큰아들 우장춘이 많지는 않아도 월급을 꼬박꼬박 가져오면서 집안 형편도 훨씬 나아졌습니다. 어머니는 그런 아들이 대견스러웠고 그간의 고생도 눈 녹듯이 사라지는 것 같았습니다.

우장춘은 돈을 조금이라도 더 벌려고 이웃집 아이를 가르치는 일도 했습니다. 이때 와타나베 고하루라는 여성을 만났지요. 고하루는 이웃집 주인의 여동생으로 사범학교를 졸업한 후 초등학생을 가르치는 선생님이었습니다. 방학이 되면 도움을 많이 준 언니를 만나러 오곤 했는데 그러다가 우장춘을 만난 것입니다. 고하루는 학창 시절에 수줍음을 많이 탔으나 '남들이 질투할 정도의 수재'였다고 합니다. 고하루의 언니는 평소 좋게 보아 온 우장춘을 동생에게 소개해 주었고 두 사람은 그때부터 만나기 시작했습니다.

당시 일본은 체면을 중시하던 사회였습니다. 두 사람이 결혼을 한다고 하니 고하루의 집안에서는 난리가 났습니다. 우장춘의 독특한 성만 보아도 결혼 상대자가 순수한 일

우장춘과 고하루
우장춘은 일본인이 아니라는 이유로 고하루와 결혼하는 데 많은 어려움을 겪었습니다. 하지만 두 사람은 서로에 대한 믿음과 사랑으로 마침내 결혼에 이르렀습니다.

본인이 아니라는 것을 금방 눈치챌 수 있었으니까요. 좋은 교육을 받고 번듯한 직업까지 가진 딸이 멸시받는 나라의 피가 섞인 남자와 혼인한다고 하니 고하루의 부모는 너무나 어처구니가 없었습니다.

그러나 고하루는 자기의 뜻을 굽히지 않았습니다. 집안의 거센 반대에도 우장춘과의 결혼을 고집했지요. 고하루는 수줍음이 많기는 하나 의지가 아주 강한 사람이었기에 자신이 결심한 일은 좀처럼 포기하려 들지 않았습니다. 결국 두 사람의 의지로 결혼은 했지만 문제는 이것으로 끝나지 않았습니다. 고하루의 집안에서 고하루의 호적을 내줄 수 없다고 버텼기 때문입니다. 그러자 고하루는 가족과 아예 의절을 하고 왕래도 하지 않았습니다.

이때 우장춘은 인생의 고뇌를 뼈저리게 느꼈습니다. 항상 외로움을 느끼며 살아온 우장춘에게 화목한 가정에 대한 기대는 무척 컸습니다. 하지만 혼인신고도 할 수 없는 자신의 처지를 생각하니 서글프기만 했습니다. 모든 문제가 자신으로 인해 생겼을 뿐만 아니라 뾰족한 해결 방법이 있는 것도 아니었으니까요. 그러는 사이에 첫째 딸이 태어났습니다. 하지만 출생신고도 못하는 난감한 처지였지요.

그래서 우장춘은 아주 커다란 결단을 내립니다.

우장춘의 결단에는 한 일본인이 등장합니다. 그는 한국인 망명객을 돌보아 준, 우장춘의 아버지 우범선과도 친분이 있는 스나가 하지메라는 사람입니다. 그는 우장춘의 사정을 딱히 여기고 한 가지 방법을 제안했습니다. 아내 고하루가 스나가 집안에 양녀로 먼저 들어간 다음에 우장춘이 데릴사위가 되는 방식이었지요. 이러한 우여곡절을 거쳐 우장춘은 스나가 성을 얻고 동시에 일본 국적도 취득했습니다. 일본 국적과 한국 국적을 모두 갖게 된 것입니다.

하지만 우장춘은 '우'라는 성을 계속 고집했습니다. 한국식 성이 아버지와의 연분을 나타내는 징표라서 그랬는지, 아니면 주변 사람들이 그가 순수한 일본인이 아니라는 것을 다 알고 있어서 그랬는지는 아무도 모릅니다. '스나가'라는 성이 자신의 생활과 처신에 좋을 수 있었을 테지만 우장춘은 예전의 성을 끝까지 지켰습니다.

이렇게 우장춘은 자신을 속이거나 과장하지 않고, 한번 세운 뜻은 철저히 지키는 올곧은 성품을 지닌 사람이었습니다. 물론 이런 고집 때문에 많은 불이익을 받았습니다. 옛날에는 어느 나라든 다른 나라 사람들을 차별하는 일이 많았기에 우장춘이 완전한 일본인이 아니라는 점은 그의 앞길에 크고 작은 걸림돌이 되었지요. 그러다 보니 우장춘의 마음속에는 자기도 모르는 사이에 한국인에 대한 관심이 서서히 싹트기 시작했습니다.

무심한 가정생활, 그리고 뜨거운 연구 열정

우장춘 부부는 위로 네 명의 딸과 아래로 두 명의 아들을 두었습니다. 그는 기본적으로 가정적인 사람이 아니었습니다. 가정 일에는 도무지 관심을 쏟지 않았고 고집이 세서 많은 일들을 자기 마음대로 하려고 했습니다. 겉으로 엄한 모습을 한 채 집안일은 거들려고 하지도 않았지요. 옛날 아버지들이 가지고 있던 전형적인 모습이었습니다.

그렇더라도 이들 부부는 싸우거나 거친 말을 한 적이 없었습니다. 언제나 사이가 좋아 보였는데, 그것은 다름 아닌 부인 고하루가 우장춘의 의견을 많이 따랐기 때문입니다. 고하루는 집안 분위기를 화목하게 하려고 무척 애썼다고 합니다. 우장춘이 하자는 대로 따라주고 힘든 일이 있어도 내색하지 않았던 것이지요. 그가 일할 때 아이가 울기라도 하면 고하루는 아이를 얼른 등에 업고 뜰에 나가 있었다고 합니다.

  하지만 우장춘은 아이들에 대해서만큼은 간섭을 하고 야단도 자주 쳤다고 합니다. "사람의 토대가 될 수 있는 사람이 되라.", "자기에게 주어진 일에 전력을 쏟아라.", "물건을 소중히 하고 아껴 써라.", "음식을 가려 먹어서는 안 된다."며 자녀들을 바른 사람으로 키우려고 잔소리를 많이 했던 모양입니다. 하지만 우장춘은 자신이 연구하던 나팔꽃과 유채 이름을 따서 딸들의 이름을 지을 정도로 자식에 대한 애정 또한 각별했습니다.

  우장춘의 집은 시끌벅적할 때가 많았습니다. 많은 사람들이 그의 집으로 모였기 때문이지요. 사실 우장춘이 여러 잡기에 관심이 많았다는 것은 잘 알려져 있지 않은 사실입니다. 우장춘은 동료나 젊은 연구자들을 초대해서 마작, 바둑, 장기, 화투 같은 놀이를 즐기곤 했습니다. 어떤 날은 놀이에 너무 빠진 나머지 환하게 동틀 때가 되어서야 자리를 마무리하기도 했지요. 이때 열심히 시중을 드는 일은 언제나 아내 고하루의 몫이었습니다.

  우장춘이 집으로 손님을 초대하기만 한 것은 아닙니다. 다른 사람들이 아예 들어와 살다 가는 일도 종종 있었습니다. 친구의 정신장애 아들이나 이혼한 친구 부인이 머무른 적도 있고, 한국에서 유학 온 친척이나 부인의 제자가 와 있기도 했습니다. 우장춘은 이처럼 어려운 사람들의 사정을 두루두루 살피는 마음 따뜻한 사람이었습니다. 한때 우장춘의 집안일을 돕던 가정부와는 항상 식사를 같이 했고, 나중에 교토에 살 때에는 직장 근처에 사는 신분이 천한 다른 사람들과도 아주 가까이 지냈습니다. 누구나 스스럼없이 대했기에 우장춘의 인기는 굉장히 좋았습니다. 이렇게 그의 마음속에는 따스한 인간애가 잔잔하게 흐르고 있었습니다.

보통 사람들처럼 우장춘도 별명을 하나 가지고 있었습니다. 바로 불독이지요. 그의 외모가 마치 불독 같았기 때문에 붙은 별명입니다. 누구든 얼굴은 부모로부터 물려받는 경우가 많습니다. 우장춘의 아버지가 갸름하고 세련된 미남형이라면 그의 어머니는 입이 약간 튀어나온 데다 입술마저 두툼한 볼품없는 얼굴이라고 할 수 있지요. 확실히 우장춘은 어머니의 외모를 많이 닮았습니다. 그의 얼굴은 조금 차갑고 무뚝뚝해 보였습니다. 거기에 말투마저 거칠게 느껴졌으니 처음 만나는 사람치고 우장춘을 좋게 보는 사람은 별로 없었습니다.

 하지만 사람은 첫 인상이 전부는 아닙니다. 얼굴로 보이는 게 다는 아닌 거지요. 우장춘은 침착하고 엄격한 성격을 지녔지만, 한편으로는 마음이 넓고 인정도 많은 사람이어서 누굴 만나든 격의 없이 대하고 포용하는 자세를 취했다고 합니다. 우장춘이 어려운 사람들과 잘 어울리고 나중에 한국으로 오게 된 것도 그의 내면에 흐르는 따스한 성품 때문이었습니다.

 불독 하면 가장 먼저 떠오르는 모습이 아마 강한 승부욕일 것입니다. 지금은 애완견으로 인기를 끌지만 원래 불독은 싸움견이었습니다. 이 점에서도 우장춘은 불독을 닮았습니다. 그는 어느 누구에게도 지지 않으려는 강한 승부욕을 지니고 있었지요. 그런 승부욕은 연구에서뿐만 아니라 놀이에서도 그대로 나타났습니다. 그러는 가운데 그는 즐겁게 승부하는 법을 터득해 갔던 것으로 보입니다.

 우장춘은 화투를 하더라도 꼭 내기를 했다고 합니다. 돈을 걸면 승부욕이 더 생겨 재미있게 놀이를 할 수 있기 때문이었지요. 그런 다음에는 상대방이 가진 화투 패를 치밀하게 따지며 놀이에 빠져들었습니다. 우장춘에게는 화투 같은 놀이를 수학적으로 풀어 놓은 특별한 메모가 있었다고 합니다. 어찌 보면 우장춘은 자신의 장점이라 할 뛰어난 논리성과 집중력을 발휘하며 남들과의 승부를 즐긴 것 같습니다. 우장춘에게 화투는 여흥을 즐기는 놀이이자 자신의 능력을 시험하고 키우는 학습의 기회였던 셈입니다.

하지만 우장춘은 그 무엇보다 연구에 매섭게 몰두했습니다. 항상 밤늦도록 연구에 매달리고 어떨 때는 밤을 꼬박 새우기도 했습니다. 밤에 잘 때는 반드시 머리맡에 종이와 빨간 펜을 두고, 불현듯 무엇인가가 떠오르면 메모를 했다고 합니다. '빨간 펜 과학자'라고나 할까요. 순간적으로 스치는 생각 하나까지도 놓치지 않으려고 애썼던 것입니다. 훗날 우장춘의 아내가 "그는 한 발만 집을 나서면 가정 일을 완전히 잊고 아이들 얼굴마저 잊는다."고 말할 정도였으니 우장춘이 얼마나 뜨거운 연구 열정을 지녔는지 알 수 있지요. 우장춘은 마치 못다 한 공부에 대한 서러움을 풀기라도 하듯 자신의 모든 것을 온전히 연구에 바쳤습니다.

하루는 농사시험장에 있는 후배가 찾아와서 그에게 "어떻게 하면 선배처럼 창의성 있는 연구를 할 수 있습니까?"라고 묻더랍니다. 그러자 우장춘은 "그건 훈련에 의한 것이지."라고 대답했다고 합니다. 새로운 것을 생각해내려고 스스로 훈련을 쌓는다는 말입니다. 우장춘이 보기에 뛰어난 연구 능력은 타고난 재능이 아니라 끊임없는 훈련을 통해 얻어지는 것이었습니다.

　이렇게 해서 우장춘은 주변 사람들에게 강한 인상을 주는 사람으로 변해 갔습니다. 어린 시절과 비교하면 하늘과 땅 차이였습니다. 시간이 까마득하게 흘렀는데도 그의 후배들은 농사시험장 시절의 우장춘을 아주 생생하게 기억하고 있습니다. 이들의 평가에서 공통적인 점은 '선이 굵고 믿음직한 보스' 같은 사람이라는 것입니다. 연구 능력을 인정받다 보니 어느새 당당함까지 생긴 모양입니다. 많은 사람들이 농사시험장 역사에서 가장 창의적이고 독창적인 사람으로 단연 우장춘을 꼽는 데 주저하지 않는 이유도 바로 여기에 있습니다.

나팔꽃과 피튜니아 연구로 얻은 명성

그러나 우장춘이 처음부터 농사시험장에서 실력을 인정받은 것은 아닙니다. 당시 농사시험장에는 명문 대학 졸업생들이 즐비했습니다. 최고를 자랑하는 도쿄제국대학 출신도 많았고요. 일본 정부가 운영하는 가장 중요한 농학연구기관이다 보니 수재로 불릴 만한 사람들이 몰려들었던 것입니다. 전문학교를 나온 우장춘으로서는 이름을 내밀 수 없을 정도로 말입니다.

농사시험장은 도쿄제국대학 출신들이 주도한 곳이라 해도 지나치지 않았습니다. 이들이 고위직을 차지하고 중요한 연구도 도맡아 했으니까요. 먹을거리가 부족하던 시절이라 핵심 연구 주제는 주요 식량이라 할 벼, 보리, 밀에 관한 것이었습니다. 도쿄제국대학을 졸업하거나 연구 경력이 풍부한 사람일수록 이런 과제를 맡았습니다.

　하지만 우장춘은 말단 직원으로서 꽃을 다루는 인기 없는 부서에 배치되었습니다. 꽃 연구자로 첫 출발을 했던 것이지요. 우장춘이 맡은 연구는 꽃 중에서도 나팔꽃에 관한 것이었습니다. 요즘은 그렇지 않지만 당시에는 널리 재배하는 꽃 가운데 하나가 나팔꽃이었습니다. 우장춘에게 다행스러웠던 점은 이 나팔꽃을 이용하여 유전에 관한 연구를 본격적으로 할 수 있었다는 것입니다. 나팔꽃을 자세히 보면 꽃 색깔이 아주 다양한데, 그 이유가 유전자의 변형 때문이거든요. 그러니 좋은 연구 재료를 손에 넣은 셈이었지요.

　그러나 우장춘에게는 고민이 생겼습니다. 연구를 열심히 한다고 해서 그의 앞날이 보장되는 것은 아니었으니까요. 인기 있는 과제를 연구하거나 높은 자리로 승진하려면 무엇보다 좋은 학력이 필요했습니다. 완전한 일본인이 아니라는 점도 그렇지만 우장춘은 학력에서도 다른 사람들에 비해 턱없이 부족했지요. 이런 상황에서 우장춘이 선택할 수 있는 방법은 오직 박사 학위를 받는 길밖에 없었습니다. 당시 일본에서는 대학을 졸업하지 않아도 뛰어난 연구 성

과가 있으면 박사가 될 수 있었습니다. 그래서 우장춘은 일찍부터 박사 학위에 대한 남다른 열망을 키워 나갔습니다.

　나팔꽃의 유전 연구는 우장춘이 장기 연구 과제로 삼은 주제였습니다. 그는 더 아름다운 꽃을 찾아내기 위해 나팔꽃의 돌연변이를 연구했습니다. 다양한 나팔꽃으로 이리저리 교배 실험을 하여 새로운 나팔꽃을 만들어 내는 것이었지요. 이 과정에서 우장춘은 아주 특이한 나팔꽃을 찾아냈습니다. 겉모습은 별로 다르지 않은데 염색체가 반만 있는 나팔꽃이었습니다. 이 연구 결과는 다른 연구자들의 주목을 끌며 일본의 유명 과학 잡지에 실리기도 했습니다.

　이와 함께 우장춘은 피튜니아도 연구했습니다. 어느 날 농사시험장 책임자가 한번 연구해 보라고 해서 시작한 연구 주제였지요. 피튜니아는 남미가 원산지로 담배꽃과 닮아 애기담배풀로도 불립니다. 꽃이 하양, 분홍, 빨강, 보라 등 다양하고 봄부터 가을까지 피고 지기 때문에 관상용으로 인기가 아주 높았지요. 우장춘이 연구를 시작한 피튜니아 종자는 새로운 꽃 개발에 관심을 기울이던 사카타 종묘 회사에서 가져온 것이었습니다. 그만큼 피튜니아는 많은 사람들에게 관심을 받는 꽃이었습니다.

서양 사람들은 화려하고 탐스러운 꽃을 좋아합니다. 당시 일본의 종묘회사들은 꽃을 개발해 서양에 수출하려고 많은 노력을 기울였습니다. 사카타 종묘회사도 미국 시카고에 지점을 개설하고 있었습니다. 그런데 문제는 아무리 애를 써도 완전 겹꽃 피튜니아를 얻기가 어렵다는 점이었습니다. 겹꽃끼리 교잡을 해도 항상 홑꽃이 섞여 나왔으니까요. 그래서 우장춘이 맡은 임무는 아름다운 완전 겹꽃 피튜니아를 개발하는 것이었습니다.

오랜 연구와 노력 끝에 우장춘은 드디어 여덟 겹을 가진 대형 피튜니아를 개발했습니다. 이 겹꽃은 절대우성 형질을 지녀 교잡을 해도 완전 겹꽃 피튜니아만을 생산해 냈습니다. 아주 화려하고 아름다운 꽃이었지요. 농사시험장의 책임자는 이 사실을 즉시 사카타 종묘회사에 알려 사업 추진을 권유했습니다. 이에 사카타 종묘회사는 대형 겹꽃 피튜니아의 상품화를 추진하여 대성공을 거두었습니다.

이 대형 겹꽃 피튜니아는 서양으로 인기리에 팔려 나갔습니다. 그 씨앗을 독점 판매한 사카타 종묘회사는 엄청난 수익을 올렸지요. 씨앗 가격이 금값의 10배에 달했으니까요. 그 덕분에 사카타 종묘회사는 대지진으로 입은 피해를

딛고 최고의 기업으로 성장했습니다. 그런데 이 대형 겹꽃 피튜니아에 대한 소유권을 사카타 종묘회사가 모두 독차지하고 말았습니다. 피튜니아에 대한 우장춘의 연구 기록이 화재로 모두 불타 버렸기 때문입니다.

그 후 우장춘이 발표한 겹꽃 피튜니아 논문은 한 쪽짜리에 불과합니다. 우장춘은 그 이유를, 불의의 사고로 실험 기록을 잃어버려 정확한 숫자를 제시할 수 없기 때문이라고 논문 끝에 적었습니다. 1930년에 일어난 큰 화재로 그간 모아 놓은 모든 연구 자료가 잿더미가 된 것입니다. 화재가 났을 때 우장춘은 세차게 타오르는 불 속에 뛰어들려고까지 했다고 합니다. 얼마나 안타까우면 그랬을까요.

많은 자료를 잃긴 했지만 우장춘은 겹꽃 피튜니아 연구로 일본 과학계에서 상당히 인정받는 위치에 올라섰습니다. 그는 일본유전학회에 여러 차례 초청을 받아 강연했고 논문도 잇따라 발표했습니다. 염색체가 반만 있는 특이한 나팔꽃과 화려한 완전 겹꽃 피튜니아를 개발한 것이 많은 사람들에게 알려지면서, 우장춘은 과학적 우수성을 인정받으며 매우 독창적이고 창의적인 연구자로 여겨졌습니다.

요즘 거리를 걷다 보면 피튜니아가 여기저기 많이 심어

져 있는 것을 볼 수 있습니다. 알록달록한 꽃 모양이 참으로 예쁩니다. 그런데 모두가 홑꽃뿐입니다. 길거리를 겹꽃 피튜니아로 단장해서 우장춘의 연구 업적을 뒤늦게라도 기리는 것은 어떨는지요. 완전 겹꽃 피튜니아는 우장춘이 세계 최초로 개발한 것이니까요. 우리는 그 이름을 '우장춘꽃'이라고 불러도 좋을 것입니다.

| 이야기 속 이야기

유전학 시대가 열리다

우장춘이 과학 연구에 열중한 1920~30년대는 유전학이라는 새로운 학문이 떠오르고 있던 때였습니다. 유전학은 생물체의 유전자 구조와 기능을 탐구하는 연구 분야로 오스트리아의 수도사 멘델로부터 시작되었지요. 20세기 들어 현미경의 발달로 세포의 내부를 세밀하게 들여다볼 수 있게 되면서 핵 속에 존재하는 염색체가 알려지게 되었습니다. 이로써 염색체에 기반한 고전유전학의 시대가 열렸지요.

염색체는 유전자를 함유한 물질로 체세포의 핵 속에 쌍으로 존재합니다. 그 총수는 인간 46개, 생쥐 40개, 초파리 8개, 소나무 24개, 배추 20개, 완두콩 14개처럼 각기 다릅니다. 이 유전자의 총합을 게놈(유전체)이라고 합니다. 난자와 정자 같은 생식세포는 절반의 염색체만을 가지고 있으며 이들이 서로 수정을 함으로써 완전한 염색체 한 쌍을 갖습니다.

고전유전학의 전성기를 활짝 연 과학자는 미국 컬럼비아대학 교수로 있던 모건입니다. 모건은 다양한 변이를 보이는 초파리를 이용하여 그간의 유전 법칙을 확실히 입증했을 뿐만 아니라 이상한 돌연변이 현상과 유전자들의 위치를 나타내는 유전자 지도 작성과 같은 새로운 성과도 거두었지요. 그 덕분에 모건은 노벨 생리의학상을 받았고 그의 제자 3명도 뒤따라 수상하는 영광을 누렸습니다.

이 무렵 일본에도 고전유전학의 연구 성과가 소개되기 시작했습니다. 서구의 나라들이 유전학의 학문적 탐구에 집중한 데 비해 일본에서는 유전학을 농작물의 품종 개량에 이용하는 실용적 연구가 활기를 띠었습니다. 우장춘이 염색체 이론에 기초해서 나팔꽃, 피튜니아, 유채 등의 육종 연구를 한 것도 이러한 일본의 연구 풍토와 깊은 관련이 있었지요.

유전학 연구는 1953년 왓슨과 크릭의 DNA 구조 발견으로 새로운 전환을 맞습니다. 유전물질 그 자체인 DNA를 본격적으로 탐구함으로써 분자 수준에서 유전학 연구를 할 수 있게 된 것입니다. 이를 고전유전학과 구분해서 분자유전학이라고 부릅니다. 분자유전학의 등장으로 장차 유전자를 인위적으로 조작하는 유전공학(바이오테크) 시대가 서서히 다가오게 되었습니다.

드디어 농학박사 학위를 받다

우장춘은 나팔꽃이나 피튜니아에 큰 애정을 가지고 있었습니다. 이들 꽃에 관해 동료들로부터 호평을 받을 만큼 뛰어난 연구 성과를 거두었기 때문이지요. 그래서 우장춘은 실험 자료를 새로 갖추어 염색체가 반만 있는 나팔꽃에 관한 논문을 영어로 써서 일본 과학 잡지에 발표했습니다. 피튜니아보다는 확실히 나팔꽃에 더 많은 노력을 기울였지요. 그 이유는 사카타 종묘회사가 겹꽃 피튜니아 소유권을 이미 확고히 가지고 있었기 때문이었을 것입니다.

많은 사람들은 화재가 나지 않았다면 우장춘이 박사 학위를 바로 받았을 거라고 말합니다. 이 무렵에 우장춘이 학위 논문을 완성해서 도쿄제국대학에 막 제출하려고 했다는 것이지요. 그러나 이는 다소 과장된 이야기입니다. 실제로 우장춘은 학위 논문을 완성해 놓고 있지는 않았습니다. 당시 일본에서 박사 학위를 받으려면 이미 발표한 연구 논문 여러 편을 대학 측에 제출해야 했는데 우장춘이 그 정도로까지 연구를 진척시킨 것은 아니었거든요.

화재가 일어나기 직전 우장춘은 또 다른 연구를 진행하고 있었습니다. 유채 연구실 책임자로서 수행한 유채 연구가 그것이었지요. 그때는 유채 기름의 수요가 세계적으로 크게 늘어 제유업이 활기를 띠고 있었습니다. 유채는 대개 벼를 벤 뒤에 심어 다음 해 모내기 전에 수확하는 두해살이 작물입니다. 일본에서는 농가 수익을 늘리기 위해 수확 시기가 빠르고 생산량이 많은 유채 품종을 개발하기 위한 연구가 추진되었지요.

우장춘 연구실에서 연구에 이용한 품종은 일본 유채와 서양 유채입니다. 일본 유채는 수확이 빠르나 생산량이 적고, 서양 유채는 생산량이 많으나 수확이 늦다는 특성을 지녔습니다. 그래서 이 두 품종을 교배해서 잡종을 만들면 생산량이 많은 유채를 일찍 수확할 수 있을 거라는 기대를 했지요.

일본인 연구자 두 명이 우장춘과 함께 연구를 시작했습

니다. 아직은 일본 유채도 제대로 연구되지 않을 때였습니다. 그래서 유채 연구실은 우장춘의 주도로 다양한 유채를 수집하여 연구를 벌이기 시작했습니다.

연구자들은 이 과정에서 유채는 겉모습이 비슷해 보여도 저마다 염색체가 다르다는 사실을 밝혀냈습니다. 그동안 염색체가 다른 종들까지 뭉뚱그려서 유채라고 불렸던 것이지요. 자세히 보면 염색체에 따라 유채의 형태와 생리도 조금씩 차이 난다는 것을 알 수 있었습니다. 결국 유채에 대한 연구를 제대로 하려면 유전에 관여하는 염색체를 본격적으로 살필 필요가 생긴 것입니다. 유채 사이에 교잡이 잘 이루어지지 않았던 것도 알고 보면 염색체가 서로 달랐기 때문이었지요.

하지만 화재 사고로 유채 연구도 피해를 입었습니다. 그런데 다행히 실험 자료 대부분이 본관이 아닌 시험재배지에 있어서 큰 피해를 면할 수 있었습니다. 불이 난 때가 추수를 끝낸 늦가을이라서 유채는 나팔꽃이나 피튜니아와 달리 야외 밭에 심어져 있었거든요.

이로써 우장춘이 박사 학위 연구 논문으로 진척시킬 수 있는 주제는 유채로 좁혀졌습니다. 우장춘이 이 연구에 얼마나 애착을 가졌는지는 이듬해 태어난 딸의 이름을 유채 잎을 생각해서 요오코로 지은 걸 보면 알 수 있습니다.

우장춘은 유채를 연구하는 과정에서 아주 흥미로운 사실을 발견했습니다. 유채를 포함한 배추과 작물의 게놈을 세밀히 관찰한 결과, 신기하게도 한 작물의 게놈을 구성하는 염색체는 종이 다른 두 작물의 염색체의 합과 완전히 똑같았던 것입니다. 우연의 일치일 수도 있다고 생각한 우장춘은 실험실에서 그것을 재연해 보기로 했습니다. 그리고 마침내 종이 다른 두 배추과 작물을 무수히 종간교잡을 시도한 끝에 그들과 완전히 다른 종의 작물을 실제로 얻는 데 성공했습니다. 이론은 물론 실험으로도 종의 합성을 완벽하게 증명한 것이지요.

그동안 과학계에서는 다른 종 사이의 교잡이 불가능하다고 믿고 있었습니다. "콩 심은 데 콩 나고 팥 심은 데 팥 난다."는 옛말처럼 후손은 똑같은 종에서만 생겨나서 후대로 이어진다고 여겼지요. 하지만 드물게 종간교잡이 일어나기도 합니다. 말과 당나귀 사이에서 노새가, 호랑이와 사자 사이에서 라이거가 태어나는 것이 그런 사례입니다. 물론 이 잡종 동물들은 생식 능력이 없어 후손을 생산할 수 없습니다. 그렇지만 배추과 작물처럼 종간교잡으로 얻은 잡종 생물이 후대를 잘 이어가는 경우도 있지요.

 우장춘은 유채를 실험 재료로 삼아 종의 합성이론을 밝힌 연구 논문을 발표했습니다. 영어로 쓴 이 논문은 그 분량이 무려 63쪽에 달하는 고전유전학의 대작이라고 할 만합니다. 우장춘은 이 연구 성과를 주논문으로 삼고 부논문 몇 개를 추가하여 1936년 도쿄제국대학에서 드디어 농학박사 학위를 받았습니다. 학위 논문을 제출하고 돌아오는 길에 그는 자신을 도와준 일본인 연구자들에게 고마움을 전하며 뜨거운 눈물을 흘렸습니다. 우장춘이 그토록 열망하던 꿈이 이루어진 순간이었지요.

 연구 논문이 실린 과학 잡지는 세계적으로 널리 읽혔습니다. 우장춘의 연구 성과는 유전에 대해 연구하는 사람이라면 누구나 알게 되었고 유전학 교과서에도 실렸습니다. 그 논문은 당시의 유전학적 연구 방법을 잘 적용하여 종의 합성을 다룬 가장 뛰어난 연구 성과였으니까요. 영국 옥스퍼드 대학의 육종학 연구실에서는 세계 각국에서 발표된 가장 우수한 논문 10편을 묶어 졸업생들에게 졸업 기념 논문집으로 나누어 주었는데 우장춘의 종의 합성 연구가 포함되었고, 스웨덴에서는 우장춘의 연구 성과를 활용하여 국민의 먹거리에 크게 기여할 새로운 품종을 개발할 정도로 우장춘의 성과는 세계적으로 크게 인정받았습니다.

봄이 되면 곳곳에 유채꽃이 활짝 피어나는 것을 볼 수 있습니다. 제주도는 샛노란 유채꽃이 장관을 이루는 곳으로 아주 유명하지요. 그런데 이 아름다운 유채의 뒤편에 우장춘의 애틋한 이야기가 얽혀 있다는 것을 아는 사람은 없을 것입니다. 우장춘의 종의 합성이론은 몇 년을 매일같이 유채와 희로애락을 나누는 속에서 탄생한 연구 성과입니다. 그러니 유채꽃을 볼 때 잠시 우장춘의 얼굴을 떠올려 보는 것도 좋지 않을까요?

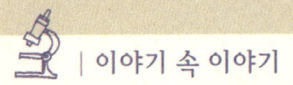

'종의 합성' – 우의 트라이앵글

이 무렵 우장춘은 유채의 육종 연구 과정에서 배추과 작물의 염색체 사이에 서로 일정한 관련이 있다는 사실을 발견했습니다. 예를 들어, 유채의 염색체(38개)는 배추(20개)와 양배추(18개)의 합이었던 것이지요. 실제로도 우장춘은 서로 다른 종인 배추와 양배추를 가지고 종간교잡 실험을 시도해 보았습니다. 수없이 많은 실험을 통해 유채를 인위적으로 만들어 낼 수도 있었습니다.

이 연구 성과는 종의 합성이론 혹은 '우의 트라이앵글'로도 불립니다. 그 모양이 마치 삼각형을 닮았기 때문이지요. 종의 합성이론은 서로 다른 종의 교잡으로도 새로운 종이 탄생할 수 있다는 아주 획기적인 주장이었습니다. 우장춘은 종의 합성이론을 처음 주장한 것은 아니지만, 이 주장을 최초로 입증했습니다. 종의 합성에 관한 주장이 과학 이론으로 자리 잡는 데 결정적인 기여를 한 것이지요. 그러므로 우리는 이것을 '우장춘의 종의 합성이론'이라고 부를 수 있습니다.

우장춘의 종의 합성이론은 유전학, 진화학, 육종학 측면에서 큰 가치를 지닙니다. 이 연구는 생물체들의 염색체 구성과 그 상호 관계를 명쾌하게 밝힌 유전학의 아주 뛰어난 성과입니다. 손에 꼽히는 고전유전학의 걸작이라고 할 만합니다. 이에 못지않게 생물체의 진화는 돌연변이를 통해 새로운 종이 탄생하는 방식으로 이루어진다는 그간의 주장을 수정 보완했다는 점에서도 상당한 의미를 지닙니다. 서로 다른 종의 교잡으로도 새로운 종이 탄생할 수 있다는 것을 증명했으니까요. 아울러 이 연구는 농작물의 육종과 개량에 필요한 유전학적 토대를 마련해 과학적 육종 연구의 시대를 열었습니다. 첨단 육종 연구 시대가 본격적으로 열린 것입니다.

차별로 좌절된 승진

우장춘은 자신의 앞길이 환하게 열릴 것으로 잔뜩 기대했습니다. 그의 기대는 마치 하늘 높이 떠오르는 애드벌룬과도 같았을 것입니다. 그토록 힘든 박사 학위를 딴 데다 가장 뛰어난 성과를 낸 연구자라는 평가까지 받았으니 그런 기대를 품을 만도 했습니다. 실제로 농업학교나 전문학교를 나온 사람들 가운데 박사 학위를 받고 높은 직급으로 오른 이들이 있었습니다. 우장춘은 그들보다 뛰어난 연구 성과를 거두었으니 높은 자리로 승진하는 것쯤은 시간문제로 여겼을 것입니다.

과학 분야의 두드러진 특징 하나는 평가를 할 때 연구 업적을 가장 주된 잣대로 삼는다는 점입니다. 과학계가 비교적 합리적으로 운영되는 이유도 이렇게 객관적인 평가 기준을 가지고 있기 때문입니다. 우장춘은 국제 수준으로 올라서고 있는 일본의 과학계도 객관성을 유지할 것으로 철석같이 믿었던 것이지요.

하지만 우장춘은 농사시험장에서 '만년 기수'(하위직)에 머물러 있었습니다. 무려 16년 동안 승진을 못한 것입니다. 게다가 우장춘은 육종 연구에서 주변적인 주제라 할 꽃 연구만 맡을 뿐이었습니다. 이렇다 보니 차별에 대한 불만이

우장춘의 젊은 시절
우장춘은 끝없는 노력으로 뛰어난 연구 성과를 거두었지만, 일본인이 아니라는 이유로 승진할 때마다 차별을 받아야 했습니다.

겉으로 드러나지는 않았으나 마음 한쪽에는 차곡차곡 쌓여 갔습니다.

박사 학위를 받은 후 우장춘은 승진에 대한 열망을 강하게 드러냈습니다. 사리사욕이 없는 것처럼 보였던 우장춘이 그런 욕심을 드러내니 깜짝 놀랄 만한 일이었지요. 나중에 한국으로 왔을 때 농림부 장관 자리도 한마디로 거절한 적이 있는 우장춘이 이렇게 승진에 집착한 이유는 무엇이었을까요? 완전한 일본인이 아니라는 점 때문에 곱지 않은 시선을 받을 수는 있어도, 자신이 가장 소중히 여긴 과학 연구에서만큼은 적절한 대우를 받고 싶었던 게 그 이유가 아니었을까요?

하지만 우장춘은 일본 내에서 승진하는 게 어렵다는 사실을 금방 깨달았습니다. 어느 누구도 그를 위해 나서 주지 않았고 갈 만한 자리도 마련되지 않았습니다. 하지만 우장춘은 이에 굴하지 않고 스스로 해결책을 찾아 나섰습니다. 기사(고위직)가 될 수 있다면 외지로 나가도 좋다고 생각한 것입니다. 그래서 우장춘은 자발적으로 중국 칭다오 시찰에 오릅니다. 칭다오는 우리나라 인천에서 가까운 산둥 반도에 위치한 곳입니다. 당시 이 지역은 면화 재배지로 유명

했다고 합니다.

우장춘은 일본에서 한반도를 거쳐 중국으로 배와 기차를 번갈아 타며 먼 길을 떠났지요. 그곳의 농학 연구 상황을 둘러볼 뿐만 아니라 더 직접적으로는 일본이 운영하는 면화시험장의 책임자가 되고 싶다는 의지를 강력히 표현하고자 했던 것입니다. 당시 일본 정부는 칭다오 면화시험장을 이끌 사람을 물색하고 있었던 것으로 보입니다.

그러나 기대와 달리 우장춘은 책임자 자리에 오르지 못했습니다. 일본 정부는 "중국인 가운데는 한국인을 경시하는 자들이 많아 농장의 통솔이 잘 이루어지지 않을 것"이라는 이유를 내세웠지만, 속내는 그렇지 않았습니다. 한국인의 피가 흐르는 자에게 높은 자리를 맡길 수 없다는 생각 때문이었지요. 우장춘이 그토록 뛰어넘고자 했던 벽에 다시금 부딪히는 꼴이 되고 만 것입니다. 그것도 실력이 없어서가 아니라 어처구니없게도 핏줄이 다르다는 이유로 말입니다.

결국 우장춘은 박사 학위를 받음으로써 오히려 더 큰 좌절을 맛보았습니다. 오랫동안 바라던 희망 가득찬 기대가 한순간에 가슴 쓰라린 아픔으로 바뀌었지요. 다른 나라 사람의 피가 흐른다는 것은 우장춘으로서도 어찌할 수 없는 운명적인 것입니다. 자신의 의지나 실력과는 상관없는 일로 차별받았을 때 느끼는 좌절감은 당사자가 아니고는 짐작하기 힘든 일입니다.

우장춘은 이때부터 자신의 정체성을 되돌아보기 시작했습니다. '나는 누구인가?', '나는 과학 연구를 왜 하는가?', 일본을 위해 과학 연구에만 매달려 온 우장춘은 이제 혼란 속에서 이 같은 물음을 던지지 않을 수 없었습니다.

한국인들과의 만남과 교류

우장춘이 한국에 처음 소개된 것은 그가 박사 학위를 받을 무렵이었습니다. 일본 신문과 방송이 우장춘을 대서특필했고 한국에도 그 소식이 알려졌지요. 당시 국내의 신문들은 한국에 원적을 두고 있는 우장춘이 일본에서 농학박사 학위를 받았다는 사실을 소개했습니다. 그러나 그 기사는 아주 짤막했고 한동안 우장춘을 소개하는 글도 다시 이어지지 않았습니다. 그만큼 한국에서 우장춘이라는 사람은 여전히 낯선 존재였습니다.

　이때 일본에서는 한 한국인이 우장춘을 본격적으로 접촉하기 시작했습니다. 니혼대학 영문과를 졸업한 후 신문사 기자로 있던 김종이라는 사람이었습니다. 그는 우장춘이 뛰어난 과학자인 데다 명성황후 시해 사건에 관계된 우범선의 아들이라는 사실에 흥미를 가졌습니다. 김종은 농사 시험장을 방문하여 우장춘을 수시로 만났고 1937년에는 그의 학위 논문을 한국 신문에 자세히 소개했습니다. 우장춘도 김종의 주선으로 이듬해에 육종 연구에 관한 긴 분량의 글을 한국 신문에 실었지요.

김종은 우장춘에 대해 "바른 학자적 성격의 소유자로 일본에 있는 한국인 학자 및 기술가 중 최고봉"이라고 평가했습니다. "조선의 과학 사회에 아직 알려지지 못하였음을 유감"으로 생각하며 기쁜 마음으로 그를 소개한다고도 밝혔습니다. 우장춘은 자신의 글에서 "조선의 육종계는 개발되지 않은 상태"로서 "조선의 고유한 품종을 개량하는 일이 급선무"라고 주장했습니다. 이어서 "앞으로 다방면으로 많은 노력과 지도와 분발을 부단히 해 주기 간절히 바란다."는 개인적 바람도 덧붙였습니다.

이렇게 우장춘은 김종이라는 사람을 매개로 한국과 인연을 맺었습니다. 김종은 말하자면 오랫동안 떨어져 있던 우장춘과 한국을 연결하는 메신저 역할을 했던 것이지요. 그런데 이러한 소통이 이루어진 데에는 우장춘의 심경 변화가 아주 큰 몫을 차지했다고 봐야 할 것입니다. 당시는 우장춘이 절실히 바라던 승진이 좌절된 직후였으니까요. 일본인으로서 최선을 다해 살아왔는데도 말입니다.

이때부터 우장춘은 혈족을 찾아 한국에 여러 차례 방문했습니다. 한국에 있는 이복 누나 집을 찾았고 아버지 본부인의 묘소에도 참배를 하러 갔지요. 김종은 우장춘의 소개로 우장춘의 이복 누나의 조카를 만나 결혼했고요. 우장춘은 한국인과 결혼한 이모의 아들이 일본으로 유학을 왔을 때는 자기 집에 데리고 있기도 했습니다. 자신과 혈연관계에 있는 모든 사람들을 두루 만난 것입니다.

한국인들과 만나기 시작하자 그 폭은 갈수록 넓어졌습니다. 교토의 다키이 종묘회사로 자리를 옮기고 나서는 한국인들을 채용하기도 했지요. 우장춘은 그곳에서 발행하는 잡지 〈원예와 육종〉의 편집기자로 김종을, 한국인 청년 5~6명을 견습생으로 받아들였습니다. 연구농장의 책임자로서 한국인을 여러 명 선발한 것입니다. 아울러 한국과 만주의 원예에 관한 책을 일본에서 출판할 수 있도록 돕고, 한국의 채소에 관한 글을 〈원예와 육종〉 잡지에 연속물로 싣기도 했습니다.

우장춘이 새로운 거처로 잡은 교토는 한국인 과학자들이

많이 모여 있는 곳이었습니다. 한국인 학생들에게 개방적이던 명문 교토제국대학이 있었거든요. 이 대학에는 교토 3인방으로 불린 한국인 과학자 이태규, 이승기, 박철재 박사가 있었습니다. 이들은 당시 불가능하다고 여긴 교토제국대학의 교수 혹은 강사로 활약해 일반 대중 사이에서도 그 명성이 자자하던 사람들입니다. 한국이 낳은 최고의 과학자들이지요.

세 사람은 나라를 잃은 처지에 놓인 과학자로서 서로 친하게 어울렸습니다. 마침 이때 우장춘은 전쟁 중에 일제가 실시한 과학자 동원 정책으로 교토제국대학 화학연구소에서도 연구 활동을 하고 있었습니다. 네 사람은 바로 이곳에서 만났습니다. 모두 과학자이다 보니 서로 만나면 과학에 관한 이야기를 많이 나누었습니다.

그런데 제2차 세계대전이 막바지로 치달을수록 이들에 대한 일제의 감시와 탄압도 심해졌습니다. 이승기와 박철재 등은 일제를 비난했다는 죄목으로 감옥에 갇히는 신세가 되기도 했습니다. 우장춘의 딸이 전하는 말에 따르면 우장춘의 집에도 사상범죄를 다루는 특별고등경찰이 자주 찾아왔다고 하는데 바로 이 무렵에 있었던 일 같습니다. 이때 우장춘은 몹시 들떠 있던 일본인들과는 달리 일본이 전쟁에서 패할 것이라고 단언했다고 합니다.

이처럼 우장춘과 한국의 만남은 1930년대 후반부터 혈연적, 인간적, 학문적 측면으로까지 확대되었습니다. 한국인의 핏줄을 지녔다는 사실을 피할 수 없게 되면서, 우장춘은 일본인으로 일본 사회에 뿌리내려야 한다는 강박관념에서도 점차 벗어나기 시작했습니다.

그렇지만 우장춘은 완전한 일본인이 아니었듯이 아직은 완전한 한국인도 아니었습니다. 두 개의 국적을 가진 혼혈인으로서 어느 곳에도 속하지 못한 경계인의 처지라고나 할까요. 우장춘은 자신을 찾아온 한국인 학생에게 "나 자신만을 위해서도 아니고 나라만을 위해서도 아니고 전 인류의 복지를 위하는 심정으로 과학을 한다."고 말한 적이 있습니다. 우장춘은 새로운 눈으로 세상을 바라보며 과학 연구가 지닌 더 보편적 가치를 찾고자 했던 것입니다.

채소 육종 기술의 대가로 우뚝 서다

우장춘은 농사시험장에 그대로 눌러앉아 있을 수 없었습니다. 그토록 바라던 승진이 좌절되었다는 사실과 더불어 후배들의 진로를 무작정 가로막고 있을 수만은 없다는 판단 때문이었지요. 우장춘은 자신의 꿈이 이루어질 수 없다는 사실을 알고 즉시 사직서를 제출했습니다. 그러자 일본 정부는 퇴직 하루 전에 기사 임명장을 주었습니다. 위로 차원에서 내려준 '1일 기사'였던 것이지요.

일본 과학계에서 우장춘은 그 이름이 널리 알려져 있던 사람이었습니다. 종묘회사들이 그에게 관심을 가졌고, 특히 교토의 다키이 종묘회사는 그를 초대 연구농장장으로 초빙할 계획을 세웠습니다. 그가 뛰어난 인물이라는 사실을 잘 알고 있었으니까요. 다키이 종묘회사는 그에게 넓은 사택까지 제공하는 등 특별 대우를 해 주었습니다. 우장춘이 한국인 여러 명을 그 회사에 채용할 수 있었던 것도 그가 상당한 권한을 가졌기 때문입니다.

우장춘은 기본적으로 열성적이고 헌신적인 사람이었습니다. 그는 자신을 뽑아 준 다키이 종묘회사에 고마움을 느꼈고 최선을 다해 보답하고자 했습니다. 초대 연구 책임자로서 농장의 연구 기반을 빠른 시일 안에 갖출 뿐만 아니라 회사에 도움이 될 좋은 연구 성과를 내놓기 위해 애썼습니다. 우장춘은 회사가 요구하는 실용적인 연구 주제에 이전보다 더 집중했습니다. 배추과 작물을 비롯한 채소의 품종 개량은 우장춘이 해결하고자 한 중요 과제였지요.

그렇다고 우장춘이 남이 시키는 대로 하거나 다른 사람을 무조건 따라 하는 사람은 아니었습니다. 모진 풍파에도 항상 꼿꼿함을 유지하는 대나무처럼 올곧고 주관이 뚜렷한 사람이었지요. 우장춘은 특히 과학에 대한 믿음과 사랑이 아주 컸습니다. 그는 모든 일을 과학에 기초해서, 과학을 통해 해결하고자 했습니다. 한마디로 그는 과학을 믿고 과학에 의지하는 '과학교도'였다고 말할 수 있습니다.

우장춘은 확실히 기존 육종가들과는 생각이 달랐습니다.

당시는 과학에 입각한 육종 체계가 세워져 있지 않은 때였기에 시행착오를 되풀이하는 경험 기술에 크게 의존하고 있었습니다. 하지만 우장춘은 새롭게 떠오르는 유전학에 관심을 갖고 그 성과를 육종 연구에 이용하려고 노력했습니다. 최신 과학 기술로 육종의 과학화와 합리화를 추구했던 것이지요. 이를 위해 우장춘은 회사 소유주를 설득해서 당시로서는 드물게 회사에서 〈원예와 육종〉이라는 과학 잡지를 발행하는 데 크게 기여했습니다.

우장춘은 1943년 말에 일본종묘협회에서 주최하는 종묘 강습회에 강연자로 나섰습니다. 이 자리에서 그는 "원예에 입문한 이래 6년이라는 극히 짧은 기간의 경험밖에 없다."며 말문을 열었습니다. 그러나 우장춘의 연구 목표는 아주 컸습니다. "채소의 육종 기술은 아직 완성해 놓은 것이 없지만, 배추과 작물 같은 주요 채소의 육종 방법을 세우고 싶은 것이 나의 소원"이라고 밝힌 것입니다.

이렇게 그때까지만 해도 채소의 품종을 과학적으로 개량하는 방법이 확립되어 있지 않았습니다. 예를 들어, 배추과 작물은 품종 개량이 매우 어려웠습니다. 당시 새로이 각광받고 있던 육종 방법은 서로 다른 품종을 교잡하여 양친보다 우량한 잡종을 얻어 내는 것이었습니다. 이른바 잡종강세를 이용하는 방식이었지요. 하지만 배추과 작물은 자가수분(제꽃가루받이)이 잘 이루어지지 않을뿐더러 타가수분(딴꽃가루받이)을 하면 순도가 크게 떨어지는 문제를 안고 있었습니다.

우장춘은 1945년 일본종묘협회에서 발행한 〈농업과 원예〉에 '채소의 육종 기술'을 정리해 발표했습니다. 이 논문은 채소 육종 기술을 체계적으로 집대성한 결정판이라고 할 수 있습니다. 수분이 잘 이루어지지 않는 불화합성을 거꾸로 이용하여 배추과 작물에 대한 과학적인 육종 기술을 세운 것입니다. 즉, 특별히 화합성을 지닌 계통을 만들어 그들 사이에 교배를 실시하면 우량 품종의 종자를 한꺼번에 많이 얻을 수 있는 것이지요. 양파의 경우는 화분의 불임 현상을 불러일으키는 돌연변이를 만들어 효율적인 잡종강세를 가져올 수 있었습니다. 이른바 웅성불임성을 이용한 육종 기술 방법인 것입니다.

이 시기는 우장춘의 인생에서 중간 단계라 할 수 있습니다. 농사시험장에 있을 때 학문적 연구를 했다면 이후 한국에 가서는 철저히 기술 개발에 중점을 두었지요. 이 사이의 기간에 다키이 종묘회사에서는 과학 지식과 품종 개발을 연결하는 학문적 응용을 추구했고요. 연구자인 동시에 관리자로서의 연구농장장 경력은 나중에 한국에서 활동할 때 상당한 도움이 되었습니다.

| 이야기 속 이야기

채소의 육종 기술이란?

농작물은 그 종류가 매우 많기 때문에 품종 개량에 쓰이는 육종 기술 역시 대단히 복잡합니다. 그 가운데 널리 사용되는 방법은 잡종강세를 이용하여 우량 품종을 얻는 것입니다. 이 육종 기술은 미국의 과학자 존스가 20세기 초에 과학적으로 밝힌 것으로 옥수수를 비롯한 여러 농작물의 품종 개량에 쓰였지요.

그런데 대부분의 채소는 이 육종 기술을 그대로 적용하기 어려운 특이성을 가지고 있습니다. 무엇보다 자가수분이 잘 이루어지지 않고(자가불화합성) 타가수분을 하면 순도가 크게 떨어지는 문제가 있기 때문이지요. 즉 불화합성 때문에 특히 배추과

원예 2호 배추
우장춘 연구팀이 개발한 일대잡종 품종으로 채소 품종 개량의 새 지평을 열었습니다.

작물은 교배에 쓰일 순도가 높은 품종을 얻기 힘들고, 결과적으로 우량 형질을 지닌 일대잡종의 대량 생산이 불가능했던 것입니다.

이 문제를 바로 우장춘이 해결하여 우량 채소를 대대적으로 얻을 수 있는 길을 열었습니다. 그가 이용한 방법은 서로 다른 일대잡종을 무수히 교배 실험을 하여(이중교배) 화합성을 지닌 품종들을 찾아내고 그것을 통해 우량 품종을 만드는 것이었습니다. 같은 품종 사이의 교잡은 채소의 불화합성을 신경 쓰지 않아도 되므로 노동력을 크게 절감하는 효과까지 지녔지요.

말하자면, 우장춘의 육종 방법은 일대잡종의 원리를 채소의 특성을 고려하여 새롭게 발전시킨 것입니다. 우장춘은 이것을 "자가불화합성이라는 독을 약으로 이용"한 것이라고 밝혔습니다. 그동안 채소의 품종 개량에서 가장 걸림돌이 되었던 자가불화합성을 오히려 장점으로 활용한 발상의 대전환이라고 볼 수 있지요. 이렇게 해서 우장춘의 육종 방법은 품종의 균일성은 좀 떨어지지만 우량 품종을 손쉽게 대량으로 얻을 수 있게 해 주었습니다.

물론 지금은 채소의 유전자를 직접 변형하여 우량 품종을 만드는 유전공학 시대로 접어들었습니다. 우량 형질을 나타내는 특정 유전자를 끼워 넣거나 혹은 열성 형질을 보이는 특정 유전자를 제거하는 등의 방법이 사용되고 있지요. 그렇더라도 우장춘의 육종 방법은 채소 품종 개량의 근간으로서 여전히 널리 이용되며 놀라운 힘을 발휘하고 있습니다.

한국에서 우장춘 환국추진운동이 일어나다

그동안 많은 사람들이 우장춘을 열렬한 애국심을 가진 과학자로 여겨 왔습니다. 한국과 일본이 국교를 맺지 않은 상황에서 모든 부와 명예를 버리고 오로지 조국의 발전을 위해 온몸을 바칠 생각으로 한국에 돌아왔다고 알려졌기 때문이지요. 우장춘이 매우 어려운 시기에 돌아와 결과적으로 한국의 농학 연구에 헌신한 것은 분명한 사실입니다. 그렇다면 그가 한국에 돌아온 동기가 정말 뜨거운 애국심 때문이었을까요?

1945년에 한국은 일제의 식민지에서 벗어나 독립을 했습니다. 그러자 일본에 살던 많은 한국인들이 서둘러 고국으로 돌아왔습니다. 그들에게 한국은 꿈에도 그리던 고국이자 마음의 고향이었으니까요. 당시 외국에서 얼마나 많은 사람들이 들어왔는지 "미국에서 오는 사람 중에 박사 아닌 사람이 없고 중국에서 오는 사람치고 장군 아닌 사람 없다."는 우스갯소리도 있었습니다. 그러나 우장춘은 일본에 그대로 머물렀습니다. 그가 한국으로 돌아올 마음이 있다는 사실을 확인한 시점도 해방이 된 지 2년이 지난 때였습니다.

우장춘은 제2차 세계대전이 끝난 직후에 다키이 종묘회사를 그만두었습니다. 이 회사의 소유주가 그에게 한국에 있는 자신의 농장이 몰수되지 않도록 힘써 달라는 부탁을 했던 모양입니다. 우장춘은 그의 요구를 거절했고 이 일로 두 사람의 사이가 불편해지자 연구농장장 자리를 사임한 것입니다. 그는 사택에서 나와 아는 일본인들과 개인 연구 농장을 세우려 했으나 뜻대로 되지 않았습니다. 그때 우장춘의 나이는 50대에 접어들고 있었습니다.

그렇다면 우장춘이 나이가 많은데도 한국에 돌아가기로 결심한 이유는 무엇일까요? 그 자신의 적극적인 의지보다는 한국에서의 노력과 설득이 크게 작용했습니다. 우장춘 환국추진운동은 1947년부터 일어났습니다. 우장춘을 잘 알고 있던 김종(경남 농림국장)이 우장춘의 존재를 널리 알렸고 급기야 우장춘을 한국에 데려오자는 의견을 모으는 데 성공했습니다. 왕비 살해에 가담한 반역자의 아들이라는 점이 논란이 되기는 했지만, 많은 사람들은 우장춘이 한국에 오면 커다란 기여를 할 것이라고 생각했습니다. 김종은 이 사실을 일본에 있는 우장춘에게 알렸고 그와 친분이 있는 사람을 통해 우장춘을 설득하기 시작했습니다.

귀환 제의를 받은 우장춘은 쉽게 결정을 내리지 못했습니다. 일본에 있는 가족 여덟 명은 철저히 일본인으로 살아가고 있었습니다. 일본인인 그의 어머니와 부인은 우장춘이 한국으로 가는 것을 강하게 반대했습니다. 우장춘을 걱정하는 마음 때문에 그랬겠지요. 당시 한국은 극심한 정치 혼란으로 인해 과학 연구를 제대로 할 수 있을지도 불투명한 상황이었습니다. 우장춘은 한국 귀환에 대해 주변 사람들과 상의했고, 이 때문에 한국에서 그를 설득하는 데도 많은 노력이 필요했습니다.

오랜 고민 끝에 우장춘은 한국에서 여생을 보내기로 결심했습니다. 소식을 전해 들은 한국에서는 들뜬 분위기 속에 그를 맞을 준비를 서둘렀습니다. 경남 지사를 지낸 김병규를 위원장으로 하는 우장춘 환국추진위원회가 만들어졌고, 부산 지역의 저명인사와 지식인들이 이 모임의 회원으로 참여했습니다. 이 위원회는 일본인 소유의 농지를 사들여 부지를 마련하고 시민들을 대상으로 모금운동도 전개했습니다. 그렇게 모은 백만 원을 일본에 있는 우장춘에게 보낼 수 있었고, 1949년에는 국가 지원을 받는 한국농업과학연구소가 만들어졌습니다. 국가가 어려울 때마다 모든 국민들이 힘을 합쳐 해결했듯이 우장춘의 한국 귀환도 많은 사람들이 노력하여 이룬 결실이라고 말할 수 있습니다.

한국에서 일어난 우장춘 환국추진운동은 우장춘의 마음을 움직였습니다. 물론 우장춘의 마음속에는 오래전부터 한국에 대한 관심과 애정이 싹트고 있었습니다. 그럴지라도 우장춘이 한국으로 오게 된 것은 한국인들의 열렬한 요청과 지지로 맺어진 결실이라고 할 수 있습니다.

가족을 남겨 두고
아버지의 나라 한국으로

우장춘은 가족을 모두 일본에 두고 홀로 한국에 왔습니다. 1950년 6·25 전쟁이 일어나기 두 달 전이었지요. 그는 나가사키에서 부인과 눈물 어린 작별을 하고 배를 타고 부산으로 향했습니다. 우장춘은 많은 한국 사람들을 만날 거라는 생각 때문인지 평소와는 다르게 옷차림에도 신경을 많이 썼습니다. 양복을 잘 차려입고 그 위에는 멋진 코트까지 걸쳤지요. 그의 짐 보따리에는 과학 도서, 실험 기구, 각종 종자 들이 잔뜩 들어 있었습니다. 이 물품들은 환국추진위원회가 가족의 생활비로 보내 준 돈을 몽땅 들여서 구입한 것이었습니다.

우장춘이 탄 배가 부산항에 도착하자 부둣가는 우장춘을 환영하는 사람들로 떠들썩해졌습니다. 배에서 내린 우장춘

은 두 사람이 높이 치켜든 '환영 우장춘 박사 환국'이라 쓴 현수막 뒤를 따랐습니다. 환국추진위원회 사람들도 다들 양복을 잘 차려입고 그를 맞았습니다. 최대한 예의를 갖춰 우장춘을 맞이하고 싶었던 것입니다. 우장춘의 왼쪽 가슴에는 환국추진위원회로부터 받은 꽃이 예쁘게 꽂혀 있었습니다. 위원회 사람들과 마중 나온 수많은 사람들이 우장춘의 주변을 에워싸며 들뜬 기분을 감추지 못했습니다.

귀국환영회에서 인사말을 하는 우장춘(오른쪽)
우장춘 옆이 그의 귀환을 적극적으로 도운 김종입니다.

이윽고 귀국환영회가 동래원예고등학교 교정에서 성대하게 열렸습니다. 우장춘은 이 자리에 한복 차림으로 나타났지요. 그의 귀환을 주도했던 사람들이 준비한 옷이었습니다. 한복은 난생 처음 입어 보는 거라 어색한 느낌도 들었지만 그런 대로 잘 어울렸습니다. 그 덕분에 환영식장에 참석한 모든 사람들은 우장춘이 한국인임을 한눈에 알아볼 수 있었습니다.

이 자리에서 김병규 위원장은 "우리는 일본의 대마도와도 우장춘을 바꾸지 않겠다."며 그의 귀환을 반겼습니다. 여러 곳에서 우장춘을 반기는 축전을 보냈으며, 이승만 대통령도 "돌아와 주셔서 고맙소."라는 축전을 전했습니다. 이에 대해 우장춘은 진심을 담아 이렇게 말했습니다.

"그동안 어머니의 나라 일본을 위해 일본인 못지않게 일했습니다. 이제부터는 아버지의 나라 한국을 위해 최선을 다할 것이고 이 나라에 뼈를 묻겠습니다."

우장춘에게 한국은 아버지의 나라였습니다. 한국을 당장 자신의 나라로 부르기에는 여전히 어색했던 것이지요. 한일 혼혈인이다 보니 완전한 한국인이라고 자신 있게 말할 수는 없었던 것입니다. 대신에 우장춘은 그의 몸에 아버지의 피가 절반이 흐르고 있다는 것을 잘 알고 있었고, 그래서 아버지의 나라에 대한 관심도 많았습니다.

그렇다면 우장춘은 왜 한국으로 귀환했을까요? 그는 한국이 정치적으로는 독립했지만 경제적으로는 아주 열악한 상황에 놓여 있다는 사실을 잘 알고 있었습니다. 특히 국민들의 생존과 밀접하게 관련된 먹거리는 너무 부족해 심각할 정도였습니다. 우장춘은 자신의 과학적 역량을 한국의 농업 위기를 극복하는 데 바치고자 했던 것입니다. 즉 과학 휴머니즘을 바탕으로 하여 헌신적인 과학자로 살고자 했던 것이지요. 우장춘이 가족을 일본에 남겨 둔 채 홀로 한국에 건너온 것도 이 때문입니다. 이렇게 우장춘은 한국을 새로운 조국으로 선택해서라기보다 아버지 나라에서 새로운 소명을 수행하기 위해 한국행을 선택했습니다.

하지만 우장춘은 한국에서 사는 동안 여러 오해와 곤란을 겪기도 했습니다. 가장 큰 문제는 언어였습니다. 그는 우리말을 할 줄 몰라서 대화나 강의를 할 때 언제나 일본어를 사용했습니다. 우리말을 굳이 배우지 않은 이유는 우리말을 잘 모르더라도 자기 일을 하는 데 아무런 지장이 없을 거라고 판단했기 때문입니다. 이러한 일로 우장춘은 종종 친일파로 의심받았고 대학에서는 학생들이 강연을 거부하는 일이 벌어지기도 했습니다. 또한 일본에서 오래 생활했기 때문에 한국 사회의 현실과 문화를 이해하고 적응하는 데도 곤란을 겪었습니다. 한국 음식을 잘 먹지 못했고 특히 김치는 너무 매워서 입에 맞지 않았습니다. 비록 김치를 만드는 배추의 육종 연구에 열정을 쏟았지만 김치까지 좋아하기는 힘들었던 모양입니다.

| 이야기 속 이야기

우장춘의 한국 귀환, 애국심? 휴머니즘?

우장춘 하면 떠오르는 이미지 가운데 하나는 그가 아주 투철한 조국애를 지닌 사람이라는 점입니다. 한국이 매우 어려운 시기에 놓여 있을 때 한국행을 결정했으니 그런 생각을 하는 것도 무리는 아닙니다. 당시 국민들도 우장춘의 결정에 엄청난 감동을 받았으니까요. 일제의 식민 지배에서 갓 벗어난 때라서 일본을 등지고 한국으로 온 우장춘의 행동은 가히 영웅적이었습니다. 그런 이유 때문에 '우장춘은 진정한 애국자'라는 신화가 탄생했지요.

당시 이승만 대통령은 우장춘에게 깊은 관심을 보였습니다. 그의 아버지 우범선과 이승만은 오래전부터 아는 사이였습니다. 생각은 약간 달랐지만 두 사람 모두 서양 문물을 받아들여 나라를 바꾸려고 한 개화파의 일원이었으니까요. 게다가 우범선의 아들 우장춘이 일본에서 한국으로 돌아왔으니 반일을 내세우던 이승만으로서는 천군만마를 얻은 심정이었지요. 이승만 대통령은 우장춘에게 연구소를 세워 주고 경제적으로 크게 지원함으로써 우장춘을 애국심을 지닌 국가적 상징으로 만들었습니다.

사실 우장춘은 따스한 인간애와 함께 과학에 대한 열정을 갖춘 사람이었습니다. 이 둘은 인간애를 가지고 과학 활동을 추구하고, 과학 활동을 통해 인간애를 실천하는 식으로 연결되었지요. 우장춘이 과학 연구를 통해 인도주의를 펼치려고 한 모습을, 우리는 과학 휴머니즘이라고 부를 수 있을 것입니다. 이 과학 휴머니즘은 우장춘의 삶에서 아주 중요한 부분을 차지했습니다.

우장춘이 한국으로 귀환한 것은 조국애보다는 바로 이러한 휴머니즘 때문이라고 할 수 있습니다. 먹을거리조차 구하기 힘든 아버지의 나라를 위해 자신의 가장 큰 장점인 과학적 재능을 전부 바치고자 했던 것입니다. 우장춘의 조국애는 오히려 한국행을 결정한 이후, 특히 한국에 와서 많은 사람들과 동고동락하는 속에서 생겨났다고 봐야 할 것입니다.

고무신 박사, 오로지 과학 연구의 외길을 걷다

우장춘은 한국농업과학연구소 소장에 취임하자마자 농촌 현실을 상세히 파악하려고 전국의 농촌을 샅샅이 둘러보았습니다. 당시 우리나라 농촌은 정말 비참한 상태였습니다. 시찰을 마친 우장춘은 "이러한 상태가 지속되면 한국의 농촌은 국민의 식생활을 지탱할 힘을 잃고 말 것"이라며 깊이 걱정했습니다. 하지만 우장춘은 실망하지 않고 한국의 농업을 일으킬 방안을 적극적으로 마련하고자 애썼습니다. 위기 상황이 닥칠수록 의욕이 불타오르는 사람이었으니까요.

그때까지만 해도 많은 농가에서 재래 종자를 그대로 사용하고 있었습니다. 일부는 외국에서 들여오는 수입 종자에 의존하고 있었고요. 채소는 같은 종자를 계속해서 쓸 경우 좋은 이점이 급격히 약화되는 문제가 나타납니다. 그러

다 보니 품질이 크게 떨어지고 수확량도 매우 적었지요. 이 때문에 많은 양의 채소 종자가 일본을 포함한 외국에서 무질서하게 들어오고 있었습니다. 따라서 우량 품종을 개발하고 그 물량을 확보하는 것이 시급한 과제였습니다.

우장춘은 자신의 목표와 역할을 아주 뚜렷이 잡았습니다. 그는 자기에게 중요하게 주어진 육종 사업과 후진 양성에만 매진하겠다고 생각했습니다. 당시 연구소 명칭은 농

정부시찰단과 함께
우장춘(맨 왼쪽 안경 쓴 사람)이 1954년 김해 시험장에서 정부시찰단을 안내하고 있습니다.

업과학 전반을 다루는 기관인 것처럼 되어 있었고 훗날 정부에서는 우장춘에게 농림부 장관을 제의하기도 했습니다. 그만큼 우장춘에게 거는 기대가 컸다는 뜻이지요. 그러나 우장춘은 누가 뭐라고 하든 자신이 세운 목표만을 열심히 좇고자 했습니다.

우장춘은 과학 외길의 인생을 살았습니다. 그는 다른 직책이나 잡무에 눈길을 주지 않고 철저히, 그리고 한결같이 과학 수도자와 같은 길을 묵묵히 걸어갔습니다. 연구소는 그에게 유일한 생활 공간이자 삶의 터전이었지요. 그러다 보니 매일 아침 일찍 실습장으로 나가 채소와 꽃들에 파묻혀 있다가 늦게 귀가하곤 했습니다. 우장춘은 농림부 평가에서도 사무 능률, 근무 태도, 직원 신뢰, 책임 의식 등 모든 점에서 최고 점수를 받았습니다.

우장춘은 철저하게 한국을 위한 과학 연구에 치중했습니다. 과학 연구의 목표와 대상을 설정하는 데도 한국이라는 지역의 특성을 잘 담으려고 노력했지요. 그는 원래 세계적으로 떠오르는 최신의 과학 연구와 그 학문적 발전에 관심이 많은 사람이었습니다. 그러나 한국에 온 뒤로는 실용적인 연구, 그것도 사회적으로 수요가 가장 큰 배추, 무, 고추와 같은 품종을 개량하는 데 앞장섰습니다. 과학 연구를 개인의 명예를 높이는 수단으로 삼기보다 국가와 국민을 위한 봉사로 여겼기 때문입니다.

하지만 연구소 사람들은 학문적인 논문을 쓰고 싶어 했습니다. 그러자 우장춘은 연구소 직원들에게 '연구를 위한 시험이나 논문을 위한 시험'은 당분간 뒤로 미룰 것을 공개적으로 요구했습니다. 그 스스로도 한국에서 사는 동안 연구 논문은 한 편도 쓰지 않았습니다. 대신에 연구소 사람들과 실제로 응용할 수 있는 실험 결과를 담은 보고서만 발표했지요. 이는 일본에서 학술 논문을 쓰기 위해 엄청난 노력을 기울였고 실제로도 뛰어난 연구 성과를 많이 발표했던 것과는 크게 대비됩니다.

우장춘은 한국에서 소박하고 헌신적인 삶을 살았습니다. 외모와 옷차림에는 관심이 없어 항상 작업복과 검정 고무신 차림으로 생활했습니다. 연구소 책임자라기보다 흔히 볼 수 있는 시골 농부 같은 모습이었습니다. 그래서 붙여진 새로운 별명이 '고무신 박사', '고무신 할아버지'였습니다.

우장춘은 가족에게 지급되는 생활비를 일본에서 종자와 기자재, 도서 등을 구입하는 데 모두 사용했습니다. 이렇게 헌신적으로 일했지만 연구소에서 발간되는 연구보고서와 사업보고서에는 우장춘의 이름을 찾아볼 수 없었습니다. 모든 과학 연구의 성과를 함께 활동한 다른 연구자들의 몫으로 돌렸기 때문입니다. 이처럼 우장춘은 자신을 드러내기보다 척박한 한국 땅에서 하나의 씨앗이 되는 삶을 살고자 했습니다.

"눈빛이 식물의 잎을 꿰뚫도록 하라!"

연구소는 많은 사람을 필요로 했습니다. 채소의 품종 개량은 물론 시험포장을 관리하고 새로운 품종의 씨앗을 보급하는 등 여러 일들을 한꺼번에 벌여야 했으니까요. 이 일들을 우장춘 혼자 힘만으로는 할 수 없는 노릇이라 되도록 많은 연구 인력을 충원해야 했습니다. 그러나 당시 한국에는 고등 교육을 받은 육종 전문가들이 매우 적은 데다 대체로 연구소에 들어가는 것을 꺼렸습니다. 왜냐하면 연구소보다는 보수와 근무 조건이 더 나은 대학이나 관청에서 근무하는 것을 원했기 때문입니다.

그래서 우장춘은 젊은이들을 연구소로 끌어들일 방법을 생각해 냈습니다. 연구생 제도가 바로 그것이었습니다. 당시 젊은이들 가운데는 우장춘의 명성을 듣고 연구소에 찾아오는 사람들이 꽤 있었습니다. 이들은 보수가 적고 당장 정규직을 얻지 못하더라도 우장춘과 함께 연구하는 것만으로도 큰 영광으로 여겼지요. 우장춘은 이들이 맡은 일을 열심히 할 수 있는 분위기를 만들기 위해 조국애와 더불어 헌신을 강조했습니다.

"과학자가 된다는 것은 수도승이 입산수도하는 것과 조금도 다르지 않습니다."

우장춘은 고된 연구소 생활을 이렇게 표현하면서, 그들이 최대한 편한 환경에서 연구에 전념하도록 합숙 시설을 마련하고 영어 교육을 실시하고 징집 면제를 주선하는 등 많은 배려를 했습니다. 이렇듯 우장춘은 후학 지도에 깊은 애정과 열정을 쏟았습니다.

연구소 사람들은 육종에 대한 기초 지식과 기술이 크게 부족했습니다. 대부분 교육 수준이 낮거나 연구 경력이 없었지요. 필요한 서적을 개인이 구하기도 힘들어서 모든 사항을 우장춘이 가르쳐 줘야 했습니다. 이런 교육이 이루어지는 장소는 교실이 아닌 실습장이었습니다. 일터인 실습장에서 연구생들에게 실제로 필요한 교육을 시켰던 것이지요. 이른바 현장 지도였습니다.

후학들 사이에는 우장춘에 관한 많은 일화가 전해 오고 있습니다. 그중에서도 연구소 사람들에게 예리한 관찰력을 강조한 것은 유명한 이야기입니다. 우장춘은 "눈빛이 식물의 잎을 뚫어 그 뒤까지도 볼 수 있어야 한다."는 말을 자주 했습니다. 즉 과학을 연구하는 사람은 말 못하는 사물을 다루더라도 서로 대화가 이루어져 사물의 상태를 직관적으로 파악할 정도가 되어야만 그 내면을 훤히 들여다볼 수 있다는 뜻입니다.

한번은 우장춘이 실습장에서 일하는 연구생에게 다가와 "금년에는 수박이 많이 열릴 것 같은가?"라고 묻더랍니다. 이 연구생은 수박 줄기가 왕성하게 자라고 있는 것을 보고 자신 있게 "네!"라고 대답했습니다. 이 말을 들은 우장춘은 수박밭을 한 바퀴 둘러보고는 이렇게 말했습니다.

"잘되었네만, 이 두둑과 저 두둑의 수박은 꽃들이 떨어질 걸세."

연구생은 깜짝 놀랐습니다. 아무리 봐도 그 차이를 알 수 없었으니까요. 그러자 우장춘이 조용히 대답했습니다.

"이렇게 이른 아침에 줄기 끝이 45도로 고개를 치켜든 수박은 성장하는 힘이 너무 세서 열매를 잘 맺지 못한다네.

질소 비료가 너무 많기 때문이지."

　사정이 이렇다 보니 연구소 사람들은 여러모로 우장춘에게 크게 의존할 수밖에 없었습니다. 필요한 지식과 기술을 그에게서 배웠고 소요되는 경비도 우장춘 때문에 확보할 수 있었으니까요. 말하자면 우장춘은 연구소라는 집안의 모든 것을 빠짐없이 책임지는 어른과 같은 존재였습니다. 게다가 연구소 사람들 대부분이 연구소 안에 있는 관사나

연구소 직원들과 함께
우장춘(가운데 앉아 있는 사람)은 평생을 연구소 일에만 매달린 성실한 과학자였습니다. 그를 따르던 후학들도 바로 이러한 열정에 깊은 감명을 받았지요.

합숙소에서 생활했기에 인간적으로도 매우 가까운 사이였습니다. 연구소 사람들은 우장춘에게 마음속에서 우러나오는 존경심과 충성심을 지니게 되었습니다.

우장춘은 카리스마 넘치는 사부였습니다. 그는 피라미드 맨 꼭대기에 위치한, 최고의 권위를 가진 존재였습니다. 이 때문에 부소장은 자기 역할을 못해서 자주 교체되기도 했습니다. 연구소 사람들 중 어느 누구도 우장춘의 말을 함부로 거스르거나 비판할 수 없었지요. 어느 연구원의 말에 따르면 "우 박사의 말씀 한마디가 절대적인 지상 명령"일 정도였다고 합니다. 우장춘은 연구소 사람들을 부를 때도 "최 군", "김 군" 등으로 불렀습니다. 다른 사람들과 비교해 보았을 때 나이가 훨씬 많았을 뿐만 아니라 무시할 수 없는 학문적 권위, 열성적이고 헌신적 삶의 자세까지 갖추었으니 그럴 만도 했습니다.

연구소에서는 크고 작은 사건도 많이 일어났습니다. 이곳도 다양한 사람들이 모여 사는 인간 세계인지라 말도 많고 탈도 많았지요. 첫 번째로 일어난 말썽은 부소장으로 있던 김종이 우장춘과의 견해 차이로 연구소를 그만둔 일이었습니다. 이때 몇 사람들이 김종을 따라 연구소를 떠났으나 곧 새로운 인력이 보충되었습니다. 부적절한 경비 처리와 시험지 생산물을 돈을 받지 않고 처분한 일 때문에 정부 감사에서 지적당한 일도 있었습니다. 당시는 사업비를 다른 용도로 사용하는 사례가 많았고 공공기관에서 생산한 결과물을 종종 개인들에게 나누어 주었기에 일어난 일이었지요. 이 일은 책임자 우장춘이 문책을 받고 대금을 직원들에게서 받아 내는 것으로 마무리되었다고 합니다.

채소의 종자 독립과 육종 연구

 연구소 사람들은 어느 집단보다 단합된 모습을 보였습니다. 이들이 모여 있는 연구소는 연구와 생활을 함께하는 공동체였지요. 그 중심에는 언제나 우장춘이 있었고 우장춘은 이들이 따라야 할 본보기로 여겨졌습니다. 이들은 우장춘이 보여 준 연구 활동, 생활 방식, 가치관까지도 서로 공유하는 '장춘학파'를 이루었습니다.

 우장춘은 모든 과학 연구를 지휘하며 이끌었습니다. 그러나 실제 실험은 연구소 사람들이 맡았습니다. 연구해야 할 일이 워낙 많아 그것 모두를 우장춘이 직접 하기는 어려웠으니까요. 우장춘은 이들이 빠른 시일 안에 연구 능력을 갖추도록 애썼습니다. 이들의 실험을 일일이 지도했을 뿐만 아니라 효과적인 연구 조직을 만드는 일에도 관심을 쏟았지요. 우장춘은 연구팀을 여러 개 두어 팀별로 특정 연구를 집중적으로 맡도록 했습니다. 경력자와 초보자로 구성된 이들 연구팀은 특화된 연구 과제를 담당하고 이 과정에서 획득한 연구 경험을 잘 전수받도록 운영되었습니다.

채소의 품종을 개량하기 위한 육종 연구는 비교적 오랜 시간이 걸립니다. 한국에서는 오랜 기간 잡다한 품종의 채소가 재배되어 왔기에 순종을 찾아내기 힘든 데다 재래 품종만으로 우량 형질의 채소를 만드는 일도 매우 어려웠으니까요. 게다가 당시 상황은 채소의 수확량이 터무니없이 부족해 그 수급을 원활히 하는 것도 시급한 과제였습니다. 그래서 우장춘은 이 문제를 빠른 시일 안에 해결하기 위해 연구 사업을 크게 두 단계로 나누어 추진했습니다.

첫 번째 단계는 1950~55년까지로, 기존 품종으로부터 우량 품종을 찾아내 채소 종자를 우리 스스로 생산할 수 있게 했습니다. 그 결과 다양한 재래 품종과 외래 품종으로부터 한국 기후와 식성에 맞는 우수한 품종을 얻어 냈지요. 그리고 생산력과 순도 시험을 거친 다음 선발된 종자를 외지와 격리된 전라남도 진도에서 대량 생산하기에 이르렀습니다. 이로써 1955년 무렵에는 채소의 종자를 자급자족하는 데

성공했습니다. 어떤 이들은 한국 경제가 일본으로부터 독립을 이룬 최초의 분야가 채소라고 말하기도 합니다.

두 번째 단계는 1955년 이후로 서로 다른 품종들 사이의 교잡 시험을 추진하여 우량 일대잡종의 시대를 열었습니다. 일본에서 이론적 체계를 세운 채소의 불화합성과 웅성불임성을 활용하여 잡종강세를 지닌 신품종을 본격적으로 개발한 것이지요. 그 결과 1960년대에 들어서 배추 원예1호와 2호, 양파 원예1호와 2호, 양배추 동춘 등과 같은 신품종들이 잇달아 나왔습니다. 불화합성을 이용한 일대잡종 배추의 개발은 세계 최초로 일구어 낸 성과였습니다. 이들 신품종은 민간 종묘회사에 분양되어 종묘 산업이 시작되는 중요한 계기가 되었습니다. 이렇게 한국은 채소 육종 연구만큼은 일찍이 국제 수준에 올라섰습니다.

이 밖에도 장춘학파는 당시 채소 재배가 안고 있는 불결하고 기생충 감염이 심한 문제를 해결하기 위해 한국에서 처음으로 청정 재배를 시도했습니다. 또한 일본에서 도입한 귤나무를 시험 재배하고 품종을 개량한 덕에 제주도가 대규모 감귤 생산지로 발돋움할 수 있는 계기도 마련했습니다. 아울러 무병 씨감자를 얻고 그 시험 재배에 성공함으로써 황무지나 다름없던 강원도 대관령이 감자 특산지로 성장할 수도 있었지요.

흔히 과학 연구는 세계적으로 그 연구 가치가 얼마나 큰가를 가지고 평가합니다. 이에 비추어 보면 우장춘 연구팀이 한국에서 이룬 연구 성과는 학문적으로 커다란 주목을 끌기 힘든 것이 사실입니다. 새로운 사실을 밝혀낸 것이 아니라 이미 알려진 지식과 기술을 적용한 것이니까요. 그럴지라도 우장춘 연구팀의 성과가 한국에서 지닌 가치는 이루 말할 수 없이 컸습니다. 가장 절박한 농작물을 자체적으로 빠르게 충당하게 되었고 첨단적인 육종 연구도 가능해졌기 때문입니다.

이러한 연구 성과는 우장춘과 동고동락한 여러 연구원들이 힘을 합한 결과였습니다. 현대적인 과학 연구는 혼자가 아닌 여러 사람들이 함께 이루는 것임을 잊어서는 안 됩니다. 물론 우장춘이라는 훌륭한 지도자가 있었지만 어려운 상황에서도 묵묵히 최선을 다한 많은 연구원들의 노력과 희생이 없었다면 이런 성과를 이끌어 내기는 쉽지 않았을 것입니다. 김동우, 최정일, 지계선, 현영주, 정덕교, 김영실, 홍영표, 김태욱, 진정기 등은 그들 중에서도 특히 눈에 띄는 인물들입니다. 이들이 없었다면 우장춘의 이름도 빛날 수 없었을 것입니다. 우장춘이 보석과 같은 존재라면 다른 연구원들은 밀알과 같은 존재였지요.

씨 없는 수박을 만들어 보이다

 우장춘은 한국에 돌아온 후 대중을 상대로 강연을 자주 했습니다. 무엇보다 우장춘을 찾는 사람들이 많았기 때문이었지요. 강연회가 열리면 수많은 사람들이 그를 보기 위해 모여들었습니다. 대부분은 우장춘의 명성을 듣고 그의 얼굴이라도 보려고 온 사람들이었습니다. 이때마다 우장춘은 단골 이야깃거리로 '씨 없는 수박'에 대해 말했습니다.
 우장춘이 일본에서 온 지 얼마 되지 않은 1950년에 농학 교육의 중심지라 할 서울대학교 농과대학에서 우장춘을 초청했을 때에도, 우장춘은 자신이 그동안 연구해 온 육종에 관해 이야기하면서 완전 겹꽃 피튜니아의 개발과 함께 씨 없는 수박의 개발 방법도 이야기했습니다. 유전학 같은 과학 지식이 육종 연구에 얼마나 유용하게 쓰일 수 있는지를 생생하게 보여 주기 위해서였습니다.

  그런데 그 강연은 약간의 오해를 남길 만했습니다. 우장춘이 완전 겹꽃 피튜니아는 자신이 개발한 것이라고 명확히 밝혔지만 씨 없는 수박은 누가 개발한 것인지 말하지 않았기 때문이지요. 우장춘이 강연 말머리에서 자신이 일본에서 연구한 일부를 이야기한다고 했으니 사람들이 씨 없는 수박도 그가 연구한 것으로 받아들일 만했습니다. 더구나 일본어로 강연했으니 소통의 문제는 더 컸지요.

  씨 없는 수박에 관한 진실은 이렇습니다. 6·25 전쟁이 막바지에 이른 1952년부터 씨 없는 수박을 만들 수 있는 종자가 일본에서 수입되었습니다. 종묘회사가 들여와 '과학의 경이, 씨 없는 수박 출현'이라는 문구를 내걸고 비싸게 팔았지요. 이 종자는 아주 잘 팔렸습니다. 그러나 이 종자는 껍질이 두꺼워 싹이 잘 안 트고 보통 수박의 꽃가루와 교배하지 않으면 열매가 열리지 않는 등의 문제가 일어났습니다. 그러자 재배 농가들이 우장춘의 연구소에 문의를 해 왔습니다.

  "대체 이 수박 종자가 실패한 원인이 무엇인가요?", "어떻게 하면 성공적으로 재배할 수 있습니까?"

다음 해에 우장춘은 일본에서 들여온 종자를 가지고 씨 없는 수박을 직접 시연해 보였습니다. 보기 좋게 큰 수박을 잘랐을 때 직원들은 "와!" 하고 탄성을 질렀습니다. 빨갛게 익은 수박 안에는 씨앗이 한 개도 없었습니다. 연구소에 구경 온 학생, 농민 들은 그 수박을 보고 크게 놀랐습니다. 그 후 씨 없는 수박에 대한 이야기는 사람들의 입소문을 타고 널리 퍼져 나갔지요. 처음에는 우장춘이 '재배한' 씨 없는 수박이었으나 점차 우장춘이 '개발한' 씨 없는 수박으로 잘못 알려지게 된 것입니다.

이뿐만 아니라 우장춘 연구소에서 개발한 우량 채소 종자의 보급에도 씨 없는 수박이 이용되었습니다. 당시 농민들 사이에는 정부의 농업 정책을 믿지 못하는 풍조가 널리 퍼져 있어 아무리 우수한 품종을 개발해도 구입하지 않으려는 경향이 있었습니다. 우장춘 연구소가 심혈을 기울여 개발한 우량 채소 종자도 역시 보급에 어려움을 겪었지요. 이러한 어려움을 해결하기 위해 종자 보급을 맡은 사람들이 우장춘과 씨 없는 수박을 적극적으로 이용하려고 했습니다.

예컨대, 1955년 대구에서는 경상북도 산업국 주최로 '우장춘 박사 환영회 겸 씨 없는 수박 시식회'가 열렸습니다. 실제로는 우장춘 연구소에서 개발한 우량 채소 종자를 농민들에게 효과적으로 보급하기 위한 행사였지요. 우장춘이 씨 없는 수박까지 만들어 내는 육종학으로 우량 채소 종자를 만들었다는 것을 보여 주려는 의도였습니다. 그러니까 우장춘과 씨 없는 수박은 새로운 채소 종자를 지역 농민들이 널리 사용토록 하기 위한 홍보 수단이었던 셈입니다. 이러한 행사가 전국 곳곳에서 널리 열릴수록 우장춘과 씨 없는 수박은 떼려야 뗄 수 없는 관계가 되어 갔습니다.

우장춘도 초기에는 이 문제에 대해 대수롭지 않게 생각했던 모양입니다. 씨 없는 수박이 육종학의 위력을 실감나게 보여 줄 수 있는 아주 좋은 사례였으므로 육종학에 의해 개발된 씨 없는 수박을 홍보에 활용하는 것에 적극적이었지요. 국민들의 호응은 무척 뜨거웠고 점차 신기한 마법의 기술 같은 느낌까지 풍겼습니다. 그러나 시간이 지날수록 우장춘은 씨 없는 수박에 대한 국민들의 지나친 관심에 난처함을 느꼈습니다. 강연을 할 때마다 청중들이 씨 없는 수박에 대해서만 물었으니까요. 어떤 사람은 "이 지역의 감은 씨가 없는데 다른 지방에 그것을 심으면 씨가 생기나요?"

라고 묻기도 했습니다. 우장춘은 너무 어이가 없어서 대꾸도 하지 않고 서둘러 돌아왔다고 합니다.

 이렇게 해서 엉뚱하게도 씨 없는 수박이 우장춘의 대표적인 업적으로 둔갑하고 말았습니다. 언론에서는 우장춘을 이야기할 때마다 씨 없는 수박을 거론했고, 어린이 위인전은 씨 없는 수박 그림을 표지로 장식하는 경우가 적지 않았습니다. 사실 우장춘은 종의 합성이론을 입증했고 채소 육종 기술 체계를 세웠으며 한국의 채소 종자 독립을 이루는 뛰어난 성과를 거두었습니다. 최신 과학에 힘입은 이러한 업적들이 모두 씨 없는 수박에 묻혀 버리는 어처구니없는 일이 벌어지고 말았습니다.

| 이야기 속 이야기 |

씨 없는 수박에 관한 오해와 진실

씨 없는 수박을 최초로 개발한 사람은 누구일까요? 바로 교토제국대학 교수로 있던 기하라 히토시입니다. 그는 1943년에 씨 없는 수박을 개발한 후 그 연구 성과를 4년 뒤에 정식 논문으로 발표했습니다. 그 원리는 아주 적은 양의 콜히친 물질을 수박의 씨앗에 처리하여 4배체(염색체 44개)를 얻고 이것을 다시 보통 수박(염색체 22개)과 교배해서 씨가 없는 3배체(염색체 33개)를 얻는 방식이었습니다. 우장춘도 교토제국대학을 오가면서 기하라 히토시의 연구 결과를 잘 알고 있었습니다.

한국에서 씨 없는 수박을 처음 재배한 사람도 사실은 우장춘이 아니었습니다.

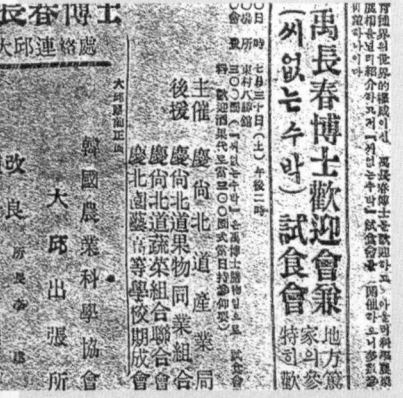

1955년 7월 30일 영남일보
씨 없는 수박 시식회가 열렸다는 내용이 실려 있습니다.

이미 신기하다는 소문을 듣고 일본에서 들여온 종자를 이용하여 씨 없는 수박을 생산한 농민들이 있었지요. 오히려 우장춘은 재배 농가들이 실패한 원인을 밝혀 달라는 요청을 받은 후에 시험 재배를 했습니다. 그 시기가 1953년이니 씨 없는 수박이 처음 개발된 지 10년이 흐른 뒤였지요. 그러니까 한국에서 우장춘이 씨 없는 수박을 처음 재배했다는 주장도 사실과 다릅니다.

물론 우장춘은 씨 없는 수박의 개발자가 자신이라고 말한 적이 없습니다. 그럼에도 우장춘 하면 씨 없는 수박이 그림자처럼 따라다닙니다. 우장춘의 제자들은 기회가 있을 때마다 이 이야기의 진실을 밝히고자 애썼지만, 이미 너무 많은 사람들에게 알려져 버린 뒤라 물줄기를 되돌리지는 못했지요. 일반 대중이 우장춘에 대해 알고 있는 것이라곤 씨 없는 수박밖에 없었으니까요.

물론 우장춘이 씨 없는 수박과 관련이 없는 것은 아닙니다. 종의 합성이론을 입증한 그의 논문을 보면 배추과 작물의 다배수체 발생 기작과 그것이 품종 개발에 이용될 수 있는 방법이 잘 드러나 있습니다. 씨 없는 수박의 개발에 쓰인 콜히친과 같은 물질을 사용하지는 않았으나 다양한 다배수체 식물의 개발이 식물 육종에 유용하게 활용될 수 있음을 보여 준 것입니다. 이처럼 우장춘의 대표 업적인 종의 합성이론은 씨 없는 수박과 같은 육종 연구에 기초적인 지식과 원리를 제공했습니다.

어머니의 죽음, 자유천 이야기

가족을 두고 한국으로 떠나온 우장춘은 늘 가족에 대한 그리움을 안고 있었습니다. 어머니, 아내, 자식들 모두 보고 싶은 얼굴들이었지요. 당시는 한국과 일본 사이에 전화 통화도 끊긴 상태라 연락을 자주 주고받을 수도 없었습니다. 오직 편지로만 가끔 소식을 전할 수 있을 뿐이었지요.

우장춘의 부인 고하루가 쓴 편지 일부를 보면 두 사람이 얼마나 서로를 그리워했는지 알 수 있습니다.

"나는 당신의 한국 어머니(우범선의 본부인)에 비하면 얼마나 행복한 여자인지 모릅니다. 당신의 한국 어머니가 남편을 상상조차 할 수 없는 이국 땅 일본으로 망명의 길을 떠나보낼 때의 심정이란 어떠했겠습니까? …… 그러나 나는 그리울 때마다 이렇게 편지를 쓸 수 있고 당신의 소식도

들을 수 있습니다. 견우와 직녀보다는 못하지만 2년 정도 기다리면 당신을 만날 수도 있잖아요. 그러니 가족이나 나의 걱정은 조금도 하지 말고 당신이 필생의 사업으로 생각하는 한국의 농학도 육성에 전력을 다해 주기 바랍니다."

그리고 편지 끝에는 "그리운 당신은 너무나 멀고 먼 곳에 있어 천리향의 향내조차도 미치지 못하네요."라는 일본 시를 덧붙였습니다.

우장춘은 가족이 그리워도 일본에 갈 수 없는 처지였습니다. 한국에서 그의 일본 방문을 허락하지 않았기 때문이지요. 한국 정부가 반일의 뜻을 강력하게 표시하고자 한국과 일본 사이의 모든 교류를 차단했으니 어쩔 도리가 없었습니다. 또한 우장춘이 일본에 갔을 경우 다시 돌아오지 않을지도 모른다고 우려했던 점도 우장춘의 일본 방문을 막은 또 다른 이유였습니다. 반일의 간판 인물로 떠오른 우장춘이 최대한 일본과 멀어지도록 했던 것입니다.

그러던 어느 날, 우장춘은 어머니가 위독하다는 전보를 받았습니다. 그는 출국 허가를 얻고자 백방으로 노력했고 심지어는 대통령에게도 부탁했으나 결국 뜻을 이루지 못했습니다. 이때 우장춘이 느낀 실망감은 이루 말할 수 없이 컸습니다. 결국 우장춘의 어머니는 아들을 보지 못한 채 세상을 떠났습니다. 우장춘의 제자들은 연구소 강당에 빈소를 차려 놓고 고인의 넋을 기렸습니다. 이 사실이 언론에 보도되자 전국 각지에서 우장춘을 위로하는 전보와 돈이 도착했습니다.

우장춘은 이 부조금을 가지고 연구소 근처에 우물을 하나 파기로 했습니다. 연구소 사람들은 그 돈을 일본에 있는 가족에게 생활비로 보내라고 했지만 우장춘은 뜻을 굽히지 않았습니다. 당시 연구소는 물 사정이 좋지 않아 먼 곳에서 물을 길어다 먹어야 했습니다. 이런 사정을 잘 알고 있던 우장춘은 우물을 하나 파서 연구소는 물론 가까운 지역 사람들도 이용하도록 하면 좋겠다고 생각했습니다.

그러나 연구소 사람들은 걱정이 앞섰습니다. 왜냐하면 그곳은 예부터 물이 잘 나오지 않는 곳으로 이름이 나 있었거든요. 얕은 곳에서는 철분이 많은 불그스름한 물이 나오고 깊은 곳은 바위로 덮여 있어 파 내려가기가 힘든 지형이었습니다. 그런데 이게 웬일일까요? 땅을 파 내려가니 큰 바위가 나타났는데, 그 바위를 조금 깨뜨리자 신기하게도 깨끗한 물이 펑펑 솟아나기 시작하는 게 아니겠어요! 우장

춘은 이 우물의 이름을 자유천이라 지었습니다. 이는 '자애로운 어머니의 젖 같은 샘'이란 뜻입니다. 우장춘이 어머니를 얼마나 가슴 깊이 사랑했는지 알 수 있는 대목이지요. 이로써 연구소는 물론 지역 사람들도 깨끗한 물을 풍족하게 쓸 수 있게 되었습니다.

시간이 지나면서 우장춘이 있는 연구소는 많은 사람들이 찾아오는 유명한 장소가 되었습니다. 처음에는 호기심 때문에 방문했지만 갈수록 우장춘을 존경하는 마음으로 찾아오는 사람들이 많아졌지요. 급기야 수학여행을 다녀오는 학생들이 꼭 들르는 장소가 되기도 했습니다. 그래서 차분히 연구 활동을 하도록 외부인이 방문하지 못하게 해야 한다는 의견이 나오기도 했습니다. 찾아오는 사람들마다 우장춘의 얼굴을 보려고 시끌벅적했으니까요.

하지만 우장춘은 보통 과학자들과는 달리 많은 사람들이 연구소를 둘러보는 게 좋다고 생각했습니다. 방문객들을 언제나 반갑게 맞아 주고 안내도 친절하게 해 주도록 했지요. 수학여행을 온 학생들은 어김없이 "우장춘 박사님, 우장춘 박사님!" 하고 합창하듯이 불렀습니다. 그럴 때마다 우장춘은 환한 얼굴로 학생들을 반겨 주었습니다. 비록 우리말을 할 줄 몰라 대화를 나누기는 힘들었지만 말입니다. 이렇게 해서 우장춘은 연구소를 찾아오는 사람들에게 친근하게 다가갔습니다.

  현재 연구소의 옛 부지는 도시 개발로 다 없어지고 우물만이 우장춘 유적지의 일부로 남아 있습니다. 부산시는 우장춘의 공적을 기리고자 자유천을 그대로 보존하고 그 일대를 로터리로 만들었습니다. 나중에 길 이름도 '우장춘로'라고 붙였습니다. 그리고 자유천 옆에는 우장춘 흉상을 세워 모양새를 더 갖추었지요. 인근 지역에는 우장춘기념관도 들어서 있어 많은 사람들의 발길이 이어지고 있습니다.

조국은 나를 인정했다

우장춘의 나이도 어느덧 회갑이 되었습니다. 당시는 평균 수명이 짧았던 탓에 60세는 아주 많은 나이라고 여겼을 때였지요. 한국농학회가 나서서 1958년에 우장춘의 회갑 축하연을 서울 국제호텔에서 성황리에 열었습니다. 그동안 우장춘이 발표한 논문들을 엮은 기념논문집도 만들어 증정했고요. 한국에서 과학자를 기념하기 위해 펴낸 최초의 책이었습니다. 그만큼 우장춘은 한국 농학계에서도 존경받는 인물이었습니다.

  이 무렵 우장춘은 건강이 나빠지고 있었습니다. 그는 평소에도 위장이 약하고 위궤양과 당뇨병을 앓고 있었습니다. 한국에 온 다음부터는 신경통에 시달리기도 했지요. 갈수록 증상이 심해져 옷을 입거나 걷기도 불편할 정도로 통중이 심해졌습니다. 그래서 우장춘은 신경통약을 먹기 시작했습니다. 약을 먹으면 일시적으로 상태가 좋아지기에 그것만 믿고 여전히 몸을 혹사했습니다. "신경통이 무슨 대단한 병이냐."며 대수롭지 않게 생각하면서 말입니다.

당시 우장춘은 새로운 연구 과제에 몰두하고 있었습니다. 바로 한국의 가장 중요한 농작물이라 할 벼에 관한 것이었지요. 우장춘은 일찍부터 벼 육종 연구를 자신이 도달할 최종 목표로 정해 놓았습니다. 그래서 우장춘은 연구소 가장자리에 만들어 놓은 논에 벼를 심어 관찰하기 시작했습니다. 그는 한국인이 식량을 자급할 새로운 품종의 벼를 개발할 것이라며 확신에 차 있었습니다.

벼 연구는 우장춘이 마지막으로 벌이고자 한 연구였으나 계획대로 진행되지는 못했습니다. 갑자기 건강이 더 나빠졌기 때문이지요. 어떤 이들은 우장춘이 일 년에 두 번 수확하는 '일식이수' 연구를 했다고 하지만 이는 잘못 전해진 이야기입니다. 이 연구는 우장춘의 전공 분야라 할 교잡을 이용한 육종 연구와도 관련이 멀었지요. 다만 벼 연구에 대한 우장춘의 관심은 대단히 커서 병상에서도 시험 중인 벼를 보고자 할 정도였습니다. 아쉬움이 크게 남았던 모양입니다.

 몸을 가누기 힘들 정도가 되자 우장춘은 서울에 있는 국립의료원에 입원했습니다. 스웨덴 의사가 진찰을 맡고 전담 간호사가 그를 돌보았지요. 그러자 병세가 다소 좋아지는 것 같았습니다. 그런데 어느 날부터인가 병세가 갑자기 나빠지기 시작했습니다. 수술을 두 번이나 했지만 우장춘의 건강 상태는 나아지지 않았습니다. 소식을 들은 우장춘의 부인이 일본에서 서둘러 왔습니다.

 한국 정부는 우장춘에게 건국 이래 두 번째로 문화포장을 수여했습니다. 우장춘은 영예로운 포장을 가슴에 다는 순간 눈물을 흘리며 이렇게 말했습니다.

 "나는 이제 여한이 없네. 나의 조국이 나를 알아주었어. 그것만으로도 나는 기쁘다네."

 우장춘은 한국에 온 지 약 10년 만인 1959년에 별다른 유언도 남기지 않은 채 숨을 거두었습니다. 한국 농학계의 큰 별이 지는 순간이었지요.

 우장춘의 장례는 수많은 사람들이 애도하는 가운데 사회장으로 치러졌습니다. 한국농학회 회장 조백현은 추도글에서 "우장춘은 참으로 하느님이 우리 민족을 살리기 위해 파

견한 특사"라며 "아버지의 나라를 위해서 남부럽지 않을 만큼 일을 했다."고 치하했고, 시인 이은상은 "불우와 고난 속에 진리를 토파내어 종의 합성 새 학설을 외칠 적에…… 그 정신 뿌리 되어 싹트고 가지 뻗어 이 나라 과학의 동산에 백화만발하리라."는 추도시를 바쳤습니다.

지금 우장춘의 묘는 한국 농학연구의 본산인 농촌진흥청이 위치한 수원의 여기산 기슭에 있습니다. 그 앞에는 씨앗과 잎을 상징하는 묘비가 서 있지요. 이렇게 한국과 일본 혼혈인 우장춘은 인생의 긴 여정을 한국에서 마쳤습니다. 이제 모든 한국인들은 그가 진정한 한국인이라는 점을 조금도 의심하지 않습니다.

우장춘의 묘 근처에는 우장춘과 함께 한국 농학을 이끈 거장들이라 할 초대 농사원장 정남규, 통일벼 보급을 주도한 농촌진흥청장 김인환 같은 분들이 나란히 묻혀 있습니다. 친분이 있던 이들은 죽어서도 한자리에 모여 한국 농학의 앞날을 지켜보고 있습니다.

장춘교도들의 끝없는 사부곡

 과학자의 이름은 시간이 지남에 따라 쉽게 잊히기도 합니다. 특히 한국에서는 역사상 기억되는 과학 인물이 별로 없지요. 아무래도 과학은 일반 대중의 관심에서 멀리 있고 그래서 과학자들에 대한 존경심도 그리 크지 않으니까요.

 그런데도 유독 우장춘만은 여전히 많은 사람들에게 큰 인기를 끌고 있습니다. 기본적으로는 그가 뛰어난 과학자라서 그렇겠지요. 하지만 반세기가 지난 지금까지 우장춘이 많은 사람들의 관심을 받고 있는 데는 독특한 이유도 있습니다. 바로 그를 열렬히 따르는 '장춘교도'로 불리는 사람들이 있었기 때문입니다.

 우장춘이 세상을 떠난 뒤 그의 제자들은 다양한 분야에서 활약했습니다. 상당수는 연구소에서 채소를 비롯한 원예 연구에 열중했고, 일부는 대학으로 가서 후학들을 키우는 일에 종사했으며, 또 다른 일부는 민간종묘회사로 진출하여 우량 종자를 보급하는 데 앞장서기도 했습니다. 모두가 우장춘의 과업을 이어받은 사람들이지요.

이들은 매년 정기적으로 한자리에 모였습니다. 1963년부터는 '원우회'라는 모임을 만들어 우장춘을 기리는 사업을 본격적으로 펼쳐 나갔습니다. 이들은 내부 결속을 다질 뿐만 아니라 외부로도 자신들의 목소리를 적극적으로 표출했습니다. 그 중심에는 언제나 우장춘이라는 존재가 있었습니다. 우장춘은 이들의 영원한 학문적, 나아가서는 정신적 사부니까요.

우장춘이 세상을 떠난 8월은 갖가지 기념행사가 활발히 열리는 '우장춘의 달'입니다. 그의 제삿날에는 제자들이 어김없이 우장춘 묘소를 찾아가 추모식을 열었고, 몇 년 후부터는 우수한 연구자를 뽑아 원예상을, 학생들에게는 장학금을 주었습니다. 함께 모은 성금으로는 연구소와 자유천 근처에 방문객들의 눈길을 끄는 동상도 세웠습니다. 회원들의 친목을 도모하려는 뜻으로 체육대회도 매년 성대하게 열었습니다.

하지만 이러한 사업보다 국민들에게 우장춘을 더 많이 알린 일은 우장춘에 대한 글을 쓰는 것이었습니다. 김태욱은 《마음속에 살아 있는 인간 우장춘》을, 원우회에서는 《우장춘과 원우회》라는 책을 출간했습니다. 이들은 "육종학의 세계적 권위 우장춘"이라는 연재물을 〈부산일보〉에 싣기도 했습니다. 다양한 신문과 잡지, 책에 실린 글은 셀 수 없을 정도로 많았습니다. 하지만 무엇보다 중요한 결실은 이들의 노력으로 교과서에도 우장춘을 알리는 글이 실린 점입니다.

그 덕분에 우장춘은 많은 사람들의 가슴속에 살아 숨 쉬게 되었습니다. 우장춘은 세상을 떠났지만 그가 이룬 과학적 성취는 여전히 이어지고 있는 셈입니다. 하지만 아쉬운 점은 우리가 우장춘에 대해 알고 있는 많은 부분이 잘못되었다는 점입니다. 그는 투철한 애국자도, 씨 없는 수박 개발자도 아닙니다. 오히려 우장춘은 종의 합성이론을 밝히고 한국의 씨앗 독립을 이룬 과학 휴머니스트로 기억되어야 마땅합니다.

뛰어난 과학자에게는 그가 이룬 업적에 이름을 붙여 줍니다. 뉴턴의 만유인력법칙, 다윈의 진화론, 아인슈타인의 상대성이론 등이 좋은 예지요. 우리도 우장춘이 거둔 두드러진 연구 성과에 그의 이름을 붙여 주면 어떨까요? 우장춘의 종의 합성이론, 우장춘꽃(완전 겹꽃 피튜니아), 우장춘 채소육종법, 우장춘의 종자 독립, 우장춘 우량 배추와 같이 말입니다. 이것만으로도 멀게 느껴지던 우장춘이 어느새 우리 가까이에 있는 것 같지 않나요? 마치 그의 과학이 다시 살아난 듯 말입니다.

| 이야기 속 이야기

한국 배추, 게놈 연구의 세계 표준이 되다

지금 한국과 일본 사이에 작은 전쟁이 벌어지고 있습니다. 바로 '김치 전쟁'이지요. 김치가 많은 나라에서 건강 식품으로 각광 받자 양국 간에도 치열한 다툼이 일어나고 있습니다. 현재는 한국 김치가 일본 김치를 조금 앞서고 있습니다. 그 비결은 무엇일까요?

많은 이들은 두 가지 이유를 듭니다. 첫째는 맛과 영양이 뛰어나고, 둘째는 한류 열풍으로 한국의 대표 식품인 김치의 인기도 덩달아 높아졌기 때문이라는 것이지요. 모두 근거 있는 지적입니다. 실제로 일본과 중국 등지에서는 많은 사람들이 김치의 매력에 빠져들고 있습니다. 2008년 미국의 건강전문잡지 〈헬스〉는 한국의 김치를 세계 5대 건강식품 가운데 하나로 꼽았습니다.

하지만 우리가 잊고 있는 중요한 사실 하나가 있습니다. 맛있는 김치를 담그려면 뭐니 뭐니 해도 좋은 배추가 있어야 한다는 점입니다. 말하자면 우량 배추는 맛있는 김치에 필수적인 원천 기술인 셈입니다. 그런데 이 우량 배추를 만들기 위한 세계 육종 연구를 이끌고 있는 국가가 우리나라라는 사실은 많은 사람들이 모르고 있습니다.

지난 2000년에 미국, 영국, 일본, 한국 등 10여 개 국가가 모여 배추 게놈 연구 국제컨소시엄을 결성했습니다. 이때 배추과 작물의 분류는 우장춘이 종의 합성 연구에서 밝힌 게놈 분석에 근거하여 이루어졌습니다. 그뿐만 아니라 배추 품목에서는 우장춘 이래로 이어져 온 한국 배추가 국제 게놈 분석의 표준 품종으로 선정되었습니다. 이처럼 배추 연구는 우장춘이라는 원예육종학의 대부로부터 그 물줄기가 이어져 내려오고 있습니다.

이참에 한식만이 아니라 어린이들이 좋아하는 돈가스나 피자를 먹을 때도 김치를 곁들여 먹으면 어떨까요. 외국에서도 인정하듯이 우리 김치는 가장 뛰어난 배추로 만든 세계 최고의 건강식품이니까요. 우장춘이라는 과학자의 남다른 노력이 그 김치 속에 숨어있다는 점도 기억하면서 말입니다.

우장춘의
발자취

1. **어린 우장춘과 남동생** 우장춘(왼쪽)과 달리 남동생은 일본인 가정에 입양되어 일본인으로 성장했습니다.
2. **우장춘의 가족과 그들을 도운 사람들** 우장춘의 어머니 나카(왼쪽에서 세 번째)는 힘들고 어려운 환경 속에서도 우장춘(오른쪽에서 세 번째 서 있는 사람)에게 최선을 다했습니다.

1898년 4월 8일

도쿄에서 망명객 우범선과 일본 여성 사카이 나카의 장남으로 태어났습니다. 호적등본에는 우장춘이 태어난 날이 4월 15일로 기재되어 있지만 회갑 축하연은 4월 8일에 열렸지요. 사카이 나카도 석가탄신일을 우장춘의 생일로 기억하고 있었습니다. 우장춘의 이름은 태어날 당시 '명전'이었으나 몇 년 후에 '장춘'으로 바뀌었습니다.

1903년 11월 24일

우장춘의 아버지 우범선은 명성황후 시해 사건에 연루된 탓에 살해

3. **우장춘의 청년 시절** 우장춘은 일본인이 아니라는 이유로 차별과 놀림을 받았지만, 자신이 처한 환경을 탓하지 않고 묵묵히 자신의 길을 헤쳐 나갔습니다.

4. **일본을 떠나오기 전 가족과 함께** 여러 사람의 반대에도 불구하고 우장춘(오른쪽에서 네 번째 안경 쓴 사람)은 한국으로 귀환할 것을 결심했습니다. 이때의 결심으로 우장춘은 여생을 외롭게 살아야 했습니다.

위협에 시달리다가 한국에서 건너온 고영근과 노윤명에 의해 죽임을 당했습니다. 이때부터 우장춘은 홀어머니 밑에서 사실상 일본인으로 자랐습니다.

1916년 4월 1일
일본 히로시마에 있는 구레중학교를 졸업하고 도쿄제국대학 농학실과에 청강생으로 들어갔습니다. 이 과정은 전문학교 수준으로 잠시 도쿄제국대학 부설기관으로 운영되고 있었습니다. 우장춘은 공과대학에 진학하고 싶었지만 조선총독부로부터 학비 지원을 받는 바람에 그들이 지시한 대로 농학실과에 진학할 수밖에 없었습니다. 우장춘의 운명이 갈리는 순간이었지요.

1919년 8월 9일
우장춘은 지도교수의 추천으로 일본 농림성 소속의 농사시험장에 취직했습니다. 도쿄제국대학 출신들이 주곡 연구를 도맡아 한 반면에 우장춘은 말단 직원으로서 꽃을 다루는 인기 없는 부서에 배치되었습니다. 첫 연구 주제는 당시 널리 재배되고 있던 나팔꽃을 개량하는 일이었습니다.

1924년
초등학교 교사 와타나베 고하루를 만나 결혼했습니다. 고하루 집안의 완강한 반대로 극심한 시련을 겪은 탓에 결혼 날짜도 제대로 기억할 수 없을 정도였습니다. 우장춘은 이후 혼인신고와 자녀의 출생신고를 위해 스나가 집안의 데릴사위로 입적하여 일본 국적을 얻었지만 '우'라는 한국 성만은 그대로 썼습니다.

1930년 10월 24일
농사시험장의 큰 화재로 그간 애써 이루어 놓은 실험 자료와 연구 재료가 모두 불타 버렸습니다. 이 화재로 인해 불가피하게 우장춘의 연구 주제는 기름 수요가 크게 늘고 있던 유채의 품종 개량 연구로 바뀌었습니다.

1936년 5월 4일
도쿄제국대학 농학부에 연구 논문을 제출하여 농학박사 학위를 받았습니다. 주논문은 유채를 비롯한 배추과 작물을 이용하여 '종의 합성'을 입증한 것으로 유전학과 육종학의 발전에 크게 기여했습니다. 이 연구 성과로 우장춘은 달콤한 학문적 명성을 얻었지만 한편으로는 쓰라린 차별을 절감해야 했습니다. 김종을 포함한 한국인들을 만나기 시작한 것도 이때부터였습니다.

1937년 9월 11일
농사시험장을 그만두고 다키이 종묘회사의 초대 연구농장장으로 자리를 옮겼습니다. 우장춘은 〈원예와 육종〉이라는 과학 잡지를 발간하고 채소의 일대잡종 육종법을 확립했습니다. 당시 교토에 있던 한국의 대표적 과학자들인 이태규, 이승기, 박철재와도 교분을 쌓아 나갔습니다.

1947년
해방을 맞은 한국에서 김종의 주도로 우장춘 환국추진운동이 일어났습니다. 이들은 일본에 있는 지인을 통해 우장춘의 귀환을 설득하고 국민들로부터 지원금을 모으는 등 활발한 활동을 벌였습니다. 몇 년 후에는 한국 정부의 지원을 받는 한국농업과학연구소를 부산에 설립하는 데도 성공을 거두었습니다.

5. **한국으로 귀환한 우장춘을 환영하는 인파** 우장춘은 열렬한 환영을 받으며 한국에 첫발을 내딛었습니다. 사람들은 우장춘이 한국의 과학 발전에 큰 공헌을 할 것이라 굳게 믿었습니다.
6. **한국농업과학연구소 창립 회원들과 함께** 우장춘(앞줄 왼쪽에 앉아 있는 사람)은 자신이 가지고 있는 지식과 기술이 우리나라 농업 발전에 쓰일 수 있도록 최선을 다했습니다.

1950년 3월 8일

가족을 일본에 남겨 두고 혼자의 몸으로 한국에 왔습니다. 환영식장에서 김병규 위원장은 "우리는 일본의 대마도와도 우장춘을 바꾸지 않겠다."며 반겼고, 이승만 대통령도 "돌아와 주셔서 고맙소."라는 축전을 전했습니다.

7. **동래원예시험장에서** 한복을 입고 고무신을 신은 우장춘의 모습입니다. 비록 한국말은 못했지만 그의 마음속에는 한국인다운 멋이 흐르고 있었습니다.

8. **원예 2호 배추** 우장춘은 품질이 우수한 배추를 직접 개량하여 보급했습니다. 원예 1호와 2호 배추는 품질이 매우 뛰어난 우리 배추입니다.

1953년

우장춘은 어머니가 위독하다는 전보를 받았지만 일본 방문을 허락받지 못했습니다. 우장춘의 어머니가 세상을 떠나자 전국에서 조의금이 들어왔고 우장춘은 이 돈으로 연구소 근처에 우물을 팠습니다. 그러고는 이 우물에 "자애로운 어머니의 젖 같은 샘"을 뜻하는 '자유천'이란 이름을 손수 붙였습니다. 지금도 부산 동래에는 이 표지석이 예전 그대로 남아 있습니다.

9. **분향하는 우장춘의 부인 고하루 여사** 우장춘과 고하루는 한국과 일본에서 서로를 그리워하며 살아야 했습니다. 두 사람은 우장춘이 세상을 떠나기 직전에야 만날 수 있었습니다.
10. **광화문 앞 광장에서 열린 우장춘의 영결식** 우장춘의 영결식에는 많은 사람들이 참석하여 죽음을 애도하고, 그가 한국 과학계와 농업 발전에 끼친 영향을 되돌아보며 존경의 뜻을 바쳤습니다.

1955년

배추, 무 등 한국의 주요 채소 종자를 자급자족하는 데 성공을 거두었습니다. 우장춘을 필두로 한 연구소의 장춘학파는 재래 품종과 외래 품종을 이용하여 한국 풍토에 맞는 우량 품종을 찾아내 그 종자들을 대량으로 생산하기에 이르렀습니다. 이후로는 서로 다른 품종들을 교잡하여 잡종강세를 지닌 신품종을 개발하는 첨단 연구도 본격적으로 추진했습니다.

11. **장례식을 마치고 부산역에 도착한 우장춘의 영정** 우장춘의 죽음은 많은 사람들을 슬픔에 빠뜨렸습니다. 하지만 그가 남기고 간 유산은 크고 위대한 것이었습니다.

12. **우장춘의 묘비** 우장춘은 낙후된 우리나라 과학과 농업 발전에 큰 공헌을 한 과학자입니다. 우장춘은 세상을 떠났지만 그가 이룬 성취는 오늘날에도 여전히 이어지고 있습니다.

1959년 8월 10일

병세가 악화되어 서울 국립의료원에서 61세의 나이로 세상을 떠났습니다. 우장춘이 숨을 거두기 직전 한국 정부는 건국 이래 두 번째로 대한민국 문화포장을 수여했고, 이 자리에서 우장춘은 "나의 조국이 나를 알아주었어. 나는 기쁘다네."라는 말을 남겼습니다. 우장춘의 장례는 수많은 사람들이 애도하는 가운데 성대하게 사회장으로 치러졌고, 시신은 농학연구기관들이 운집한 수원의 여기산 기슭에 묻혔습니다.

참고문헌

김근배,「우장춘의 한국 귀환과 과학연구」,〈한국과학사학회지〉
 제26권 제2호, 2004, 139~164쪽.
김근배,「한국에 헌신한 세계적 유전육종학자 우장춘」, 김근배 외,
 《한국 과학기술 인물 12인》, 해나무, 2005, 277~305쪽.
김태욱,《마음속에 살아있는 인간 우장춘》, 신원문화사, 1984.
농촌진흥청 원예연구소,《원예연구소 50년》, 2003.
쓰노다 후사코(오상현 옮김),《조국은 나를 인정했다》,
 (주)교문사, 1992.
우장춘 박사 회갑기념논문집 편찬위원회,《우장춘박사회갑기념
 논문집》, 경향신문사, 1958.
원우회,《우장춘과 원우회, 1963~1984》, 농촌진흥청, 1984.
원우회,《92년도 4월의 문화인물 "우장춘 박사" 기념논문집》,
 원우회, 1992.
원우회,「육종학의 세계적 권위 우장춘」,《어둠을 밝힌 사람들》,
 부산일보사, 1983, 125~170쪽.

| 알면 좋은 상식

■ **교배/교잡** 생물체의 암수를 인위적으로 수정시키는 행위를 일반적으로 교배라고 합니다. 그 가운데서 유전자 조성이 다른 종을 교배하는 것을 교잡이라 부르기도 하지요. 같은 종끼리 행해지는 동종교배와 다른 종끼리 행해지는 이종(종간)교잡이 그 대표적인 예입니다. 생물체는 유전자 조성이 서로 가까울수록 교배가 잘 이루지고 멀수록 어려워지는 특성을 보입니다.

■ **배수체/다배체** 생물체는 일반적으로 쌍으로 이루어진 염색체 세트를 가지고 있는데 이것을 2배체라고 합니다. 이와는 달리, 절반의 염색체 세트만 가진 경우를 반수체(일배체)라 하고, 염색체 세트가 2배체의 배수를 이룬 경우를 배수체라고 합니다. 이를테면 네 개의 염색체 세트를 가진 4배체, 여덟 개의 염색체 세트를 가진 8배체와 같은 다배체는 모두 배수체에 속합니다.

■ **일대잡종/잡종강세** 잡종은 다른 유전자가 섞여 있는 것으로, 순종과 대비되는 개념입니다. 서로 다른 형질을 지닌 순종의 품종을 교배해서 얻은 첫 번째 자손을 일대잡종이라고 합니다. 이 일대잡종은 일부의 생물체에서 부모보다 형질이 우수한 잡종강세를 보이지만 세대가 거듭될수록 세력이 약화되는 특성을 나타냅니다.

■ **자가불화합성/웅성불임성** 자가불화합성은 식물의 암수가 완전한 생식 능력이 있음에도 자가수분을 했을 때는 수정이 이루어지지 않는 현상을 말합니다. 이와는 달리, 웅성불임성은 생식기관인 수술의 화분(수술의 꽃밥 속에 들어 있는 꽃가루)에 문제가 있어서 불임(수정이 일어나지 않는 것)이 일어나는 것을 일컫습니다. 과학자들은 자가수분을 억제하는 방법으로 이 특성을 활용해 식물의 품종 개량을 시도했습니다.

■ **박철재** 일본 교토제국대학에서 생고무의 결정구조 연구로 이학박사 학위를 받고 강사로 활동했습니다. 해방 후 서울대학교 물리학과 교수로 근무하

던 중 연희전문학교(지금의 연세대학교) 수물과를 나온 선배 최규남의 권유로 문교부 기술교육국으로 자리를 옮겼지요. 박철재는 특히 국가의 원자력 정책을 앞장서서 이끌었고 원자력연구소 초대소장을 역임하기도 했습니다.

■ 이승기 일본 교토제국대학 공학박사 학위자로, 나일론에 대응할 새로운 합성섬유의 개발로 일본을 떠들썩하게 만든 스타 과학자입니다. 잠시 서울대학교 화학공학과 교수로 활동했으나 과학 연구의 꿈이 위기에 처하자 6·25 전쟁 때 월북했습니다. 그는 북한에서 석탄을 이용한 합성섬유 '비날론' 공업화에 성공을 거둬 영웅 과학자로 명성을 누렸습니다.

■ 이태규 일본 교토제국대학에서 이학박사 학위를 받은 후 한국인 최초로 정교수에 오른 빼어난 과학자입니다. 해방 후 서울대학교 화학과를 거쳐 오랫동안 미국 유타대학에서 교수로 활동했지요. 비뉴턴 유동현상을 설명한 '리-아이링 이론'을 제시하고 30명이 넘는 우수한 한국인 후학들을 키워 내는 등 많은 과학적 성과를 거두었습니다.

■ 이호왕 미국 미네소타대학에서 의학박사 학위를 받고 유행성출혈열을 연구한 세계적인 미생물학자입니다. 유행성출혈열은 쥐에 의해 매개되는 법정 전염병으로, 높은 치사율을 지닌 의학계의 미스터리였습니다. 이호왕은 그 병원체인 한탄바이러스를 발견했을 뿐만 아니라 혈청진단법과 백신까지 개발하여 유행성출혈열을 퇴치하는 데 크게 공헌했습니다.

■ 이휘소 미국 펜실베이니아대학에서 이학박사 학위를 받은 이론물리학자로 노벨상 수상에 필적할 연구 업적을 냈습니다. 주요 연구 성과로는 소립자 연구에서 아주 중요한 게이지이론과 매혹입자의 규명이 있습니다. 이휘소는 세계 최고의 연구소인 페르미 연구소의 이론물리학부장 자리에 올랐으나 갑작스러운 교통사고로 42세라는 젊은 나이에 세상을 뜨고 말았습니다.

글쓴이 김근배
서울대학교 미생물학과를 졸업하고 같은 대학원의 과학사 및 과학철학 협동 과정에서 석사와 박사 학위를 받았습니다. 미국 존스홉킨스대학의 박사후 연구원을 거쳐 현재 전북대학교 과학학과 교수로 재직하고 있습니다. 쓴 책으로는 《황우석 신화와 대한민국 과학》, 《한국 근대 과학기술인력의 출현》(대한민국학술원 우수학술도서), 《한국 과학기술 인물 12인》(공저, 대한민국학술원 우수학술도서), 《근현대 한국사회의 과학》(공동 편저) 등이 있습니다.

그린이 조승연
동양화를 공부한 뒤 프랑스에서 일러스트레이션 공부를 마치고 돌아와 어린이 책 일러스트레이터로 활동하고 있습니다. 그린 책으로는 《행복, 그게 뭔데?》, 《노란 기사의 비밀》, 《눈으로 들어 보렴》 등이 있습니다.

우장춘
종의 합성을 밝힌 과학 휴머니스트

처음 펴낸 날 | 2009년 8월 25일
두 번째 펴낸 날 | 2013년 6월 25일

글 | 김근배
그림 | 조승연

펴낸이 | 김태진
펴낸곳 | 도서출판 다섯수레
등록일자 | 1988년 10월 13일
등록번호 | 제 3-213호
주소 | 경기도 파주시 문발동
　　　파주출판도시 500-12 (우 413-832)
전화 | 02) 3142-6611(서울 사무소)
팩스 | 02) 3142-6615
홈페이지 | www.daseossure.co.kr

ⓒ김근배, 2009

ISBN 978-89-7478-333-4 43990
ISBN 978-89-7478-334-1 (세트)

이 도서의 국립중앙도서관 출판시도서목록(CIP)은
e-CIP 홈페이지(http://www.nl.go.kr/cip.php)에서 이용하실 수 있습니다.
(CIP제어번호: CIP2009002419)